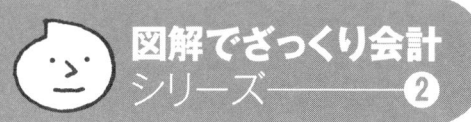

新日本有限責任監査法人
ERNST & YOUNG
Quality In Everything We Do

図解でざっくり会計
シリーズ 2

退職給付会計のしくみ

新日本有限責任監査法人［編］

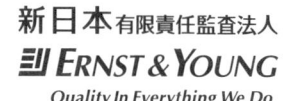

中央経済社

発刊にあたって

　わが国の企業会計は，2010年3月期より国際会計基準の任意適用が始まるなど，グローバル化が避けがたいものとなっています。その中で，国際会計基準とのコンバージェンスに向けて，「固定資産の減損に係る会計基準」，「企業結合に関する会計基準」，「連結財務諸表に関する会計基準」，「退職給付に係る会計基準」など，多くの会計基準の制定および改正が行われてきているところです。このような多くの会計基準の適用は，最終表現である財務諸表を読み解くことを難しくしています。

　一方，企業経営を行っていくうえで，財務諸表を理解する能力は必須です。企業を安定化させ，さらには持続的に成長させていくためにも，経営のための会計・経理は，重要な役割を担っています。また，経営者や経理部門に携わる方だけではなく，財務部門および営業部門等の社員の方々にとっても，業務を行っていくうえで，財務諸表等を理解し，利用していくことは必要といえます。

　このような背景を踏まえ，新日本有限責任監査法人では，経理部門等で経理業務を実践している方のみではなく，これから会計・経理を学ぼうとされている方，会計基準等をイチから勉強しようと考えている方など会計入門者の方を中心に，会計を基礎から理解していただくため，わかりづらいと言われている会計論点を「図解でざっくり会計シリーズ」として全7巻刊行することといたしました。

　本シリーズは，図，表，絵，仕訳例等をふんだんに使用して，基本的な内容をわかりやすく説明することをコンセプトに作成しています。そのため，各会計基準等の特徴的な論点を中心とした解説とし，基準等の定義・専門用語等も可能な限り平素な説明としています。原則として見

開き2ページの形式として，左ページに図表，右ページに文章による解説で理解を深める構成としています。

　経理業務に係わりのある方のみではなく，会計を理解したいというさまざまな方に本シリーズを手に取っていただき，会計を身近に感じて，まず「ざっくり」と会計をご理解いただけましたら幸甚です。

　平成25年2月

新日本有限責任監査法人
理事長　加　藤　義　孝

この本の読み方・使い方

この本は，次のような体系になっています。

```
退職給付会計に入る前に
    退職給付会計の全体像
    退職給付会計用語集
第1章　退職給付会計の概要
第2章　退職給付制度
第3章　退職給付会計の詳細説明
第4章　退職給付会計の具体的会計処理
第5章　退職給付会計の簡便法
第6章　開　示
第7章　改正退職給付会計基準
```

この本の全体像を説明します。

「退職給付会計に入る前に」では，一般的な退職金についてと，退職給付会計の全体像および退職給付会計の用語集が記載されています。

退職給付会計について，勉強し始めの方にとっては，見慣れない，聞き慣れない単語・用語がたくさんあると思いますが，この本を読み進めていただくと徐々に理解できると思います。各章の随所に出てくる用語等ですので，各章を読み進める際になんども立ち返って繰り返し目を通していただきたいと思います。

第1章では，退職給付会計の概要が記載されています。ただし，ここでは，すべてを理解しようとは思わないでください。多少漠然とした状態でかまいません。なんとなくのイメージを持っていただければ結構です。

第2章では，退職給付制度について記載しています。制度には，さまざまなものがありますので，この章で理解を深めていただきたいと思います。

　第3章では，退職給付会計で使用される用語等を詳細に説明しています。「はじめに」の用語集等と読み比べてみてください。

　第4章は，貸借対照表のイメージで会計処理をやさしく説明しています。退職給付会計を理解するには，この本で一番重要な章といえます。この章を理解したうえで，不明な点については，再度，第1章，用語集，第3章に立ち返るという読み方をしていただきたいと思います。

　第5章の簡便法は，少し毛色が異なるので，別建ての章にしました。この章はここだけで完結しています。

　第6章は，開示例をぜひ参考にしていただきたいと思います。

　第7章は，改正退職給付会計基準についてその要点を記載してあります。改正前との比較で理解していただけると，参考になると思います。

　また，コラムではIFRSの特徴についても触れてあります。こちらもご参考にしてください。

Contents

発刊にあたって ………………………………………………………… 3
この本の読み方・使い方 ……………………………………………… 5
退職給付会計に入る前に ……………………………………………… 13

第1章　退職給付会計の概要 ……………………………………… 19

1-1　退職給付について ……………………………………… 20
退職一時金と企業年金

1-2　退職一時金 ……………………………………………… 22
退職一時金の考え方

1-3　企業年金 ………………………………………………… 24
企業年金の考え方

1-4　退職給付会計の実務手順 ……………………………… 26
退職給付会計の3ステップ手順

1-5　退職給付会計の会計処理 ……………………………… 28
退職給付会計の会計処理の概略

COFFEE BREAK ………………………………………………… 30
改正前IAS19号（従業員給付）の主な特徴

第2章　退職給付制度 ……………………………………………… 31

2-1　退職給付制度の全体像 ………………………………… 32
公的年金制度と退職給付制度

2-2 年金制度の全体像 ………………………… 34
　　　年金制度の種類

2-3 公的年金制度 ……………………………… 36
　　　公的年金制度の種類

2-4 退職一時金制度 …………………………… 38
　　　退職一時金制度の種類

2-5 確定給付型年金制度 ……………………… 40
　　　確定給付型年金制度の概要

2-6 確定拠出型年金制度 ……………………… 42
　　　確定拠出型年金制度の概要

2-7 中小企業退職金共済制度など …………… 44
　　　中小企業を対象とした退職金共済制度

2-8 退職給付会計の対象 ……………………… 46
　　　退職給付会計の対象となる退職給付制度

COFFEE BREAK ……………………………………… 48
　　　改正後IAS19号（従業員給付）の主な特徴

第3章　退職給付会計の詳細説明 …………… 49

3-1 退職給付債務と退職給付見込額 ………… 50
　　　【Step1】退職給付債務の計算

3-2 退職給付債務と割引計算 ………………… 54
　　　【Step2】退職給付債務の計算

現場から見た退職給付会計 **改正基準編** ……………… 57

3-3 退職給付債務と基礎率 …………………… 58
　　　基礎率の概念

3−4	割引率① ·································	60
	代表的な基礎率のひとつ，割引率	
3−5	割引率② ·································	64
	割引率の変更の要否	
3−6	退職率 ···································	66
	退職率の算定方法	
3−7	死亡率 ···································	68
	生命表について	
3−8	予定昇給率① ····························	70
	予定昇給率の算定方法	
3−9	予定昇給率② ····························	72
	ベースアップの取扱い	
3−10	退職給付費用 ····························	74
	退職給付費用の概要	
3−11	勤務費用と利息費用 ····················	76
	退職給付費用の代表的な構成要素	
3−12	年金資産 ·································	78
	年金資産の概要	
3−13	期待運用収益率 ·························	80
	期待運用収益とその予想収益率	
3−14	数理計算上の差異 ······················	82
	数理計算上の差異と遅延認識	
3−15	数理計算上の差異の費用処理 ·········	84
	平均残存勤務期間内における償却	
3−16	過去勤務債務 ····························	86
	過去勤務債務の概要	

3-17	退職給付債務の合理的補正 ……………… 88	
	退職給付債務の合理的補正方法の概要	
3-18	割引率の合理的補正方法 ………………… 90	
	線形補間方式と対数補間方式	
3-19	貸借対照表日前のデータ利用の合理的補正方法	
	貸借対照表日前のデータの2つの補正方法………… 92	
3-20	制度移行 ……………………………………… 94	
	確定給付型へ，または，確定拠出型への制度移行	

現場から見た退職給付会計 **未認識項目編** ……………… 96

第4章　退職給付会計の具体的会計処理 ……………… 97

4-1	退職給付会計の全体像 …………………… 98	
	貸借対照表のイメージによる全体像	
4-2	退職給付の支払① ………………………… 100	
	退職金の支払に関する会計処理	
4-3	退職給付の支払② ………………………… 102	
	年金の支払に関する会計処理	
4-4	年金掛金の拠出 …………………………… 104	
	年金掛金拠出の会計処理	
4-5	勤務費用の発生 …………………………… 106	
	勤務費用が発生した際の会計処理	
4-6	利息費用の発生 …………………………… 108	
	利息費用が発生した際の会計処理	
4-7	期待運用収益の発生 ……………………… 110	
	期待運用収益が発生した際の会計処理	

| 4-8 | 差異の発生（未認識処理） | 112 |

未認識差異が発生した際の会計処理

| 4-9 | 未認識項目の償却 | 114 |

未認識項目の償却に関する会計処理

| 4-10 | 制度移行① | 116 |

確定給付型から他の確定給付型に移行する場合の会計処理

| 4-11 | 制度移行② | 118 |

確定給付型から確定拠出型へ移行する場合の会計処理

| 4-12 | 会計処理の実務手順 | 120 |

退職給付会計の3ステップ手順の詳細

COFFEE BREAK ……………………………………… 122
数理計算上の差異および過去勤務債務の処理

第5章　退職給付会計の簡便法 …………… 123

| 5-1 | 簡便法の概要 | 124 |

小規模企業等の簡便法

| 5-2 | 小規模企業等の範囲 | 126 |

簡便法を採用するための重要性基準

| 5-3 | 簡便法の計算方法 | 128 |

簡便法の具体的計算方法

| 5-4 | 退職一時金制度の簡便法 | 130 |

退職一時金制度における3種類の簡便法

| 5-5 | 企業年金制度の簡便法 | 132 |

企業年金制度の3種類の簡便法

| 5-6 | 簡便法の会計処理① | 134 |

簡便法③の具体例

5-7 簡便法の会計処理② ………………………… 136
　　　簡便法⑥の具体例
5-8 算定方法の変更 ………………………………… 138
　　　簡便法から原則法への変更と原則法から簡便法への変更
現場から見た退職給付会計 **簡便法編** ……………………… 140

第6章　開　示 ……………………………………… 141

6-1 退職給付の開示① ……………………………… 142
　　　退職給付に関係する開示
6-2 退職給付の開示② ……………………………… 144
　　　退職給付の具体的開示例
COFFEE BREAK ……………………………………………… 148
改正基準での未認識項目について

第7章　改正退職給付会計基準 ……………………… 149

7-1 改正退職給付会計基準 ………………………… 150
　　　改正退職給付会計基準の概要
7-2 未認識項目の認識① …………………………… 152
　　　改正退職給付会計基準における未認識項目の認識
7-3 未認識項目の認識② …………………………… 154
　　　組替調整
7-4 改正基準適用時期 ……………………………… 156
　　　適用時期に留意

退職給付会計に入る前に

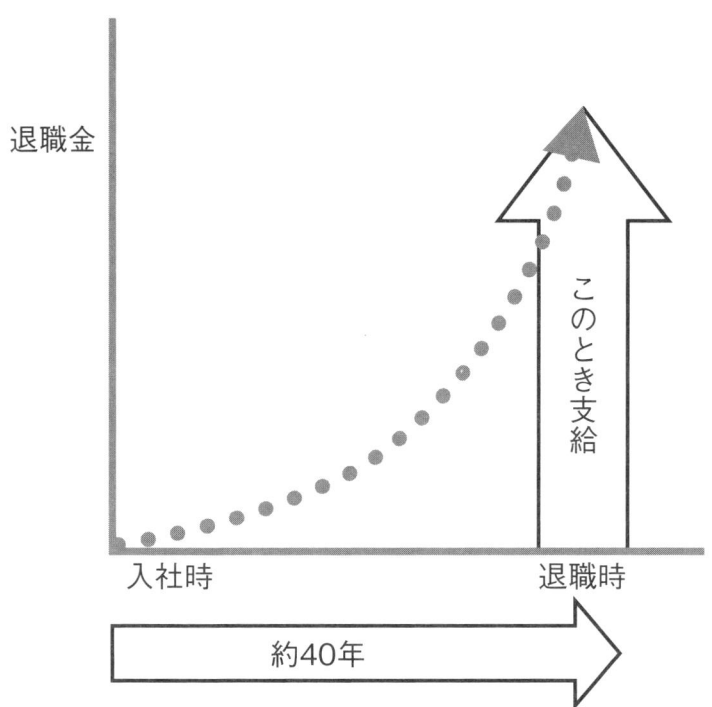

■退職金について■

　通常, 会社に勤務した人は, 退職金を退職時に受けとります。
　会社側からいえば, 退職時に従業員に対して退職金を支払います。
　お金が動くのは, 退職時です。

■勤続年数について■

　通常, 大学や高校を卒業後入社し, その会社に数十年間勤務することになります。最近は, 転職する人も増えてきていますが, それでも数年間は同じ会社に勤務することでしょう。

■退職金をもらう理由・支払う理由■

なぜ退職金をもらえるのか，または，なぜ退職金を支払うのか，を考えた場合，その理由は長い間（短い人もいますが）その会社で勤務していたからである，というのが自然でしょう。

ということは，長い間勤務したことに対する対価である，といえます。この対価は勤務期間の終了時（退職時）に支払われるので，賃金の後払いと言い換えることもできます。

■会計処理について■

この退職金の会計処理について，お金が動くのは退職時なので，そのとき会計処理すればよい，という考え方もあります。

しかし，賃金の後払いと考えた場合，左の図の
・・・・・・・・▼ について，後払いであるからこそ，何らかの会計上の手当てを行う必要がある，ということになります。

退職金を，勤続年数にわたり，会計上処理する必要がある，ということになります。

・・・・・・・・▼ の意味を説明することが，この本の目的です。

退職給付会計の全体像（その１）

　退職給付引当金を貸借対照表のイメージでまとめると，次のようになります。今後，退職給付会計を学ぶうえで，非常に重要な図になります。（　）内は，関連する退職給付費用の構成要素を表しています。次の用語集と一緒に利用してください。

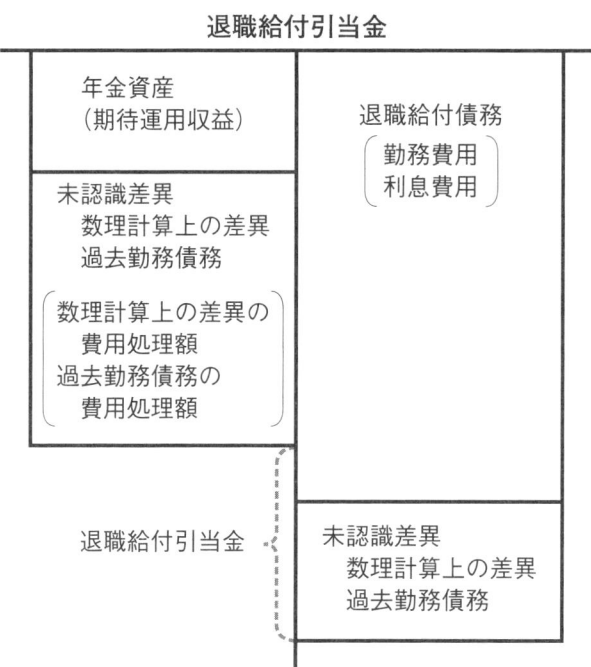

　なお，改正退職給付会計基準については第７章に記載してあります。連結決算において，未認識が認識されます。７－２の図と上の図を比較すると分かりやすいと思います。まずは現行の基準を理解してから改正基準を勉強すると理解が速くなります。

退職給付会計の全体像（その２）

　退職給付費用の各構成要素をまとめると，次のようになります。

　こちらも，退職給付会計を学ぶうえで，非常に重要な図になります。

　構成要素ごとに勘定科目を設定せず，すべて「退職給付費用」勘定を用いるところも退職給付会計の特徴といえます。

退職給付費用

勤務費用	期待運用収益
利息費用	数理計算上の差異の費用処理額（＋）
数理計算上の差異の費用処理額（－）	過去勤務債務の費用処理額（＋）
過去勤務債務の費用処理額（－）	退職給付費用

細かいところは気にせず先に進もう！

退職給付会計用語集

　この用語集は，一度目を通すだけでは理解できません。ぜひ，先を読んでまた戻るなど，何度も見返して，理解を深めていただきたいと思います。

　なお，改正退職給付会計基準においては，連結決算についてのみ，一部，用語の変更がなされています。7－1を参照してください。

１．退職給付債務　一定の期間にわたり労働を提供したことに基づいて，退職以後に従業員に支給される給付のうち，認識時点までに発生していると認められるものをいいます。割引計算によって測定されます。そのため，割引率が非常に重要な要素になります。

　退職給付債務は，PBO（Projected Benefit Obligation）といわれています。企業外部の年金数理人が代行計算することが多いです。

２．勤務費用　一期間の労働の対価として発生したと認められる退職給付をいいます。割引計算により測定されます。退職給付債務の増加分として計算されます。勤務費用も，退職給付債務と同様に，年金数理人が代行計算することが多いです。期首において，当期分の勤務費用を計算することになります。

３．利息費用　割引計算により算定された期首時点における退職給付債務について，期末までの時の経過により発生する計算上の利息をいいます。

　期首時点の退職給付債務に割引率を乗じることによって，当期の利息費用が計算されます。

４．過去勤務債務　退職給付水準の改訂等に起因して発生した退職給付債務の増加または減少部分をいいます。退職金規程等の改訂日における，改訂前の退職給付債務と改訂後の退職給付債務の差額が過去勤務債務になります。

　過去勤務債務は，一時に費用処理する必要はなく，平均残存勤務期間以内

の一定の年数で規則的に認識（費用処理）します。なお，まだ費用処理されていない部分を未認識過去勤務債務といいます。

5．数理計算上の差異　年金資産の期待運用収益と実際の運用成果との差異や退職給付債務の数理計算に用いた見積数値と実勢との差異および見積数値の変更等により発生した差異のことをいいます。

　数理計算上の差異は，一時に費用処理する必要はなく，平均残存勤務期間以内の一定の年数で規則的に認識（費用処理）します。当期の発生額を翌期から費用処理することもできます。

6．年金資産　企業年金制度に基づき，退職給付に充てるために，企業の外部に積み立てられている資産をいいます。年金資産は，期末時点の時価（公正な評価額）にて測定されます。

7．期待運用収益　期待運用収益とは，企業年金制度における年金資産の運用により生じると期待される収益で，退職給付費用の計算において勤務費用や利息費用から控除される項目です。

　期首の年金資産の時価（公正な評価額）に，期待運用収益率を乗じることによって，当期の期待運用収益が計算されます。

8．退職給付費用　退職給付費用とは，退職給付に係る損益項目であり，勤務費用，利息費用，期待運用収益（控除項目），未認識の過去勤務債務の費用処理額，未認識の数理計算上の差異の費用処理額の合計のことです。会計処理する場合，すべて「退職給付費用」という科目を用います。

第1章 退職給付会計の概要

この章では，退職給付会計の概要について説明します。
まずは，漠然とした理解でかまいません。
全体のイメージをつかんでください。

1−1 退職給付について
退職一時金と企業年金

 まず,「退職給付」には,退職一時金と企業年金があります。いずれも退職後に支払われるという点では同じです。

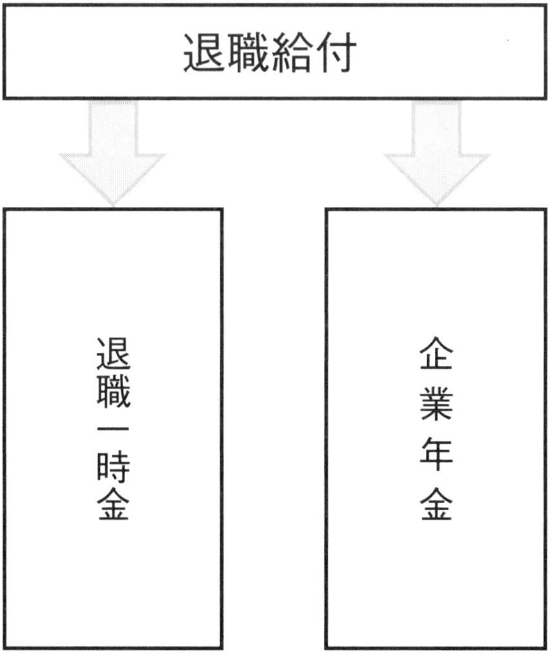

```
         退職給付
        ↙      ↘
   退職一時金    企業年金
```

■退職給付とは？■

退職給付には，「退職一時金」と「企業年金」と大きく2種類あります。

この2種類の中にも，いろいろな制度があり，企業はその規程において，これらの制度を組み合わせて退職金制度としています。これら制度の詳細については，第2章において説明します。

■退職一時金とは？■

退職一時金は，企業の退職金規程に基づき，企業内部の資金から，退職時に退職者に支払われるものです。

■企業年金とは？■

企業年金は，企業が独自に，企業の外部に資産を積み立て，そこから退職者に年金として支払われるものです。いわゆる国民年金などの公的なものではありません。

■退職給付会計とは？■

退職給付会計の対象は，退職一時金および企業年金の双方となります。

退職給付会計は，簡単にいえば，退職一時金においては不足額そのものを，企業年金においては企業外部の資産が不足する場合にその不足額を，負債として計上する会計です。

1-2 退職一時金
退職一時金の考え方

 退職一時金は，退職給付会計の対象になります。まず，要支給額でイメージしてください。

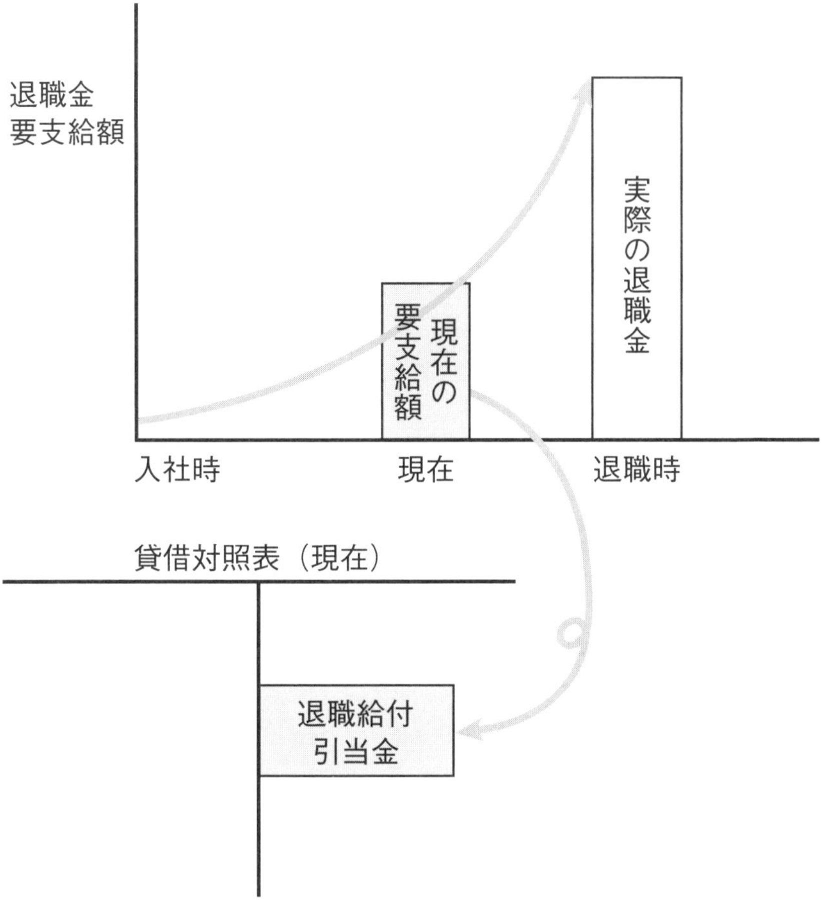

退職金
要支給額

現在の要支給額

実際の退職金

入社時　　現在　　退職時

貸借対照表（現在）

退職給付引当金

■退職一時金について退職給付会計を適用すると？■

　退職一時金においては，企業がその内部に準備すべき金額，すなわち，「現在までに発生している額」を負債に計上することになります。

■期末現在の退職金要支給額で考えてみると■

　退職一時金について退職給付会計を適用する場合，退職金の期末要支給額でイメージしてみましょう。

　退職金の期末要支給額とは，期末時点で従業員が退職した場合に企業が支払わなければならない退職金です。したがって，通常は，従業員の勤続年数が増加すると要支給額も増加していきます。

　企業が外部に退職金見合いの資産を積み立てていないとすると，現在の要支給額そのものが退職金の「現在までに発生している額」に相当します。退職給付会計においては，この「現在までに発生している額」を負債に計上します。

　現在の要支給額が，そのまま，貸借対照表上の負債の部に，「退職給付引当金」として計上されることになります。

　詳細の説明は，第3章，第4章を参照してください。ここでは，まず，イメージを持っていただきたいと思います。

■退職金要支給額と退職給付債務■

　ここでは退職金要支給額で説明しましたが，本来，退職給付会計においては「退職給付債務」として説明されます。退職給付債務は，統計や割引計算を用いて計算した退職給付に係る負債の時価となります。この詳細については，第3章を参照してください。

1-3 企業年金
企業年金の考え方

 企業年金は、退職給付会計の対象になります。年金財政計算書のイメージを持ってください。

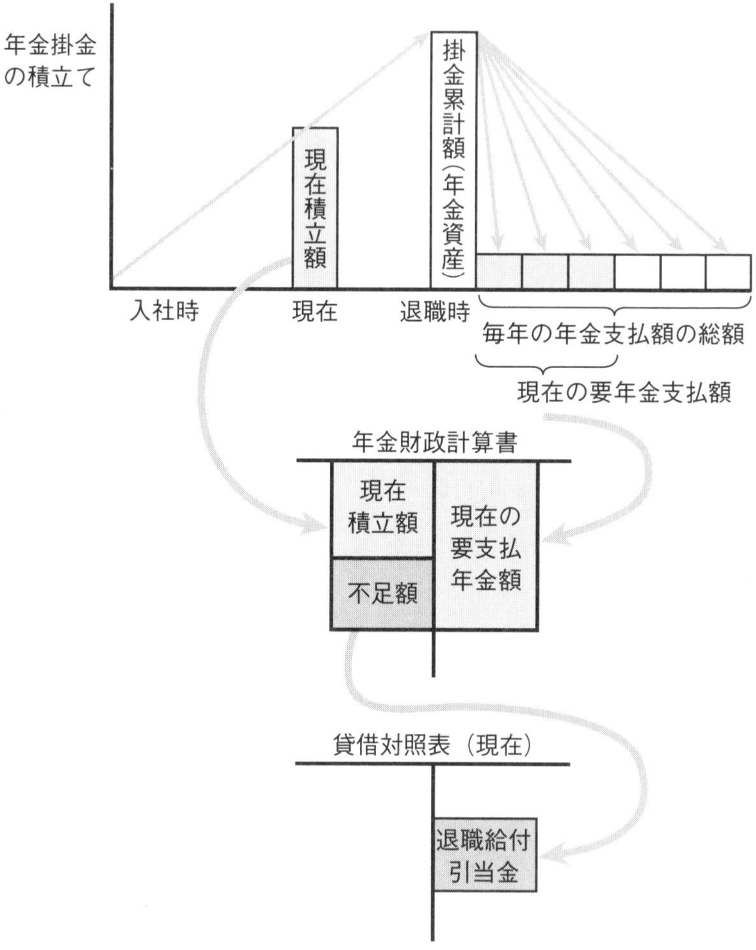

■企業年金について■

　企業年金においては，現在の企業外部に積み立てた年金資産（年金掛金の積立て）が，現在の要年金支払額（退職金要支給額に相当）に対して不足する場合，その不足分を負債に計上することになります。

■年金財政計算書について■

　年金財政計算書においては，現在の年金資産の積立額と現在の要年金支払額が計上され，その不足額が明示されます。退職給付会計とは概念は異なりますが，イメージを持つという意味では，この不足額が貸借対照表の負債の部に「退職給付引当金」として計上されると考えても差し支えありません。ここでは，まず，イメージを持ってください。

■年金資産と退職給付債務■

　退職給付会計を適用する際には，年金資産は，時価で評価されることになります。また，退職給付債務は，統計や割引計算を用いて計算した退職給付に係る負債の時価となります。この詳細については，第3章を参照してください。

> **Keyword**
>
> **年金財政計算書**
> 　年金制度における重要なポイントとして，掛金の拠出と年金の給付をバランスさせることがあげられます。企業会計における貸借対照表のイメージで，年金資産と数理債務（責任準備金などの要支払年金額）とのバランス状況を示したものが年金財政計算書です。

1-4 退職給付会計の実務手順
退職給付会計の3ステップ手順

 退職給付会計の実務手順は、計算式でイメージしてください（4-12参照）。

【会計処理実務手順】

```
① 期首における退職給付債務の計算
        ↓
② その予測に基づく当期の会計処理
        ↓
③ 期末（翌期首）における退職給付債務の計算
   および数理計算上の差異等の把握
```

専門用語の意味はわからなくても，大まかな手順を理解しておいてください。

■**具体的な実務の手順**■

① 期首における退職給付債務の計算を行います。同時に，当期における退職給付費用の計算も行います。これは予測による計算となります。
② ①において予測された計算結果に基づき，当期の会計処理を行います。また，退職金の支給と年金掛金の拠出は，実績金額における会計処理を行います。
③ 期末における退職給付債務の計算を行い，予測された計算結果との差異（数理計算上の差異といいます）を把握します。同時に，翌期における退職給付費用の計算も行います。そして②に戻り，翌期以降は，②→③→②→③を繰り返します。

■**計算式でイメージをつかむ**■

左下の図は，次のような計算式で表されます。

> 期首退職給付引当金＋退職給付費用－（退職金支給＋掛金拠出）
> ＝期末退職給付引当金

具体的な用語については，第3章に記載してあります。ここでは大まかな流れを把握していただきたいと思います。

1-5 退職給付会計の会計処理
退職給付会計の会計処理の概略

 退職給付会計の会計処理の際には,「退職給付費用」と「退職給付引当金」の2つの勘定が重要となります。

【期首退職給付引当金】

＋退職給付費用(予測)
　　(退職給付費用) ／ (退職給付引当金)　　←仕訳

－(退職金支給《実績》 ＋ 掛金拠出《実績》)
　　(退職給付引当金) ／ (現金預金)　　　　←仕訳

＝期末退職給付引当金
　　↓
　　再計算
　　↓
　　未認識(数理計算上の差異,過去勤務債務)

退職給付費用

勤務費用	期待運用収益
利息費用	数理計算上の差異の費用処理額(＋)
数理計算上の差異の費用処理額(－)	過去勤務債務の費用処理額(＋)
過去勤務債務の費用処理額(－)	退職給付費用

■退職給付会計の会計処理■

退職給付会計における重要な勘定は,「**退職給付費用**」と「**退職給付引当金**」です。

予測された計算結果に基づき,当期の退職給付費用を計上することになります。

仕訳は,

(退職給付費用) ／ (退職給付引当金)

となります。

左下図のように,退職給付費用の構成要素には,勤務費用,利息費用,期待運用収益,未認識数理計算上の差異の費用処理額,過去勤務債務の費用処理額が含まれます。用語の詳細については,第3章を参照してください。

退職金の支給や掛金の拠出は,借入金などの負債の減少(返済)と同様のイメージで,会計処理されます。

仕訳は,

(退職給付引当金) ／ (現金預金)

となります。

仕訳全般の詳細は,第4章となります。

また,期末に退職給付債務が再計算され,未認識の数理計算上の差異が発生します。この数理計算上の差異は,発生した時点では会計処理しない会社が多いです。詳細は第3章,第4章を参照してください。

改正前IAS19号(従業員給付)の主な特徴

　IFRSにおいて、日本の退職給付会計基準に相当する基準は、IAS19号(従業員給付)です。その主な特徴は以下のとおりです。

① 期間配分方法は、原則、給付算定式方式(支給倍率方式)です。

② 年金資産が年金債務を超過している場合には、資産計上に制限があります(アセット・シーリング)。

③ 割引率については、まず、優良社債の市場利回りを参照し、充分でない場合に、国債の市場利回りを参照することになります。また、給付の支払時期を反映した期間ごとの割引率、または、単一の加重平均割引率になります。

④ 過去勤務費用については、受給権が確定するまでの期間にわたり定額法により認識します。受給権が確定していれば、即時認識することになります。

⑤ 数理計算上の差異については、以下の方法の選択が可能です。

　ⅰ 一定の「回廊」の範囲内の数理計算上の差異は認識しない方法(回廊モデル)。超過する場合は、その超過分を予想平均残存勤務期間にて、翌期から償却することになります。

　ⅱ 予想平均残存勤務期間内で規則的に償却する方法(期間償却モデル)。発生した期から償却することになります。

　ⅲ 発生した期において数理計算上の差異を一括で認識する方法(一括償却モデル)。この一括償却額は、その他包括利益に計上することができます。

　なお、IAS19号は改正されています(P.48参照)。

第 2 章 退職給付制度

この章では，退職給付に関する制度について説明します。

いろいろな種類がありますが，「確定給付型」か「確定拠出型」かが重要なポイントとなります。

2-1 退職給付制度の全体像
公的年金制度と退職給付制度

 我が国の退職給付制度は、国が運営する公的年金制度と企業等による退職給付制度に大別されます。

【我が国の退職給付制度】

- 公的年金制度
  - 国民年金
  - 厚生年金保険
  - 共済年金
  - 国民年金基金
  - 農業者年金基金
- 退職給付制度
  - 退職一時金制度
    - 中小企業退職金共済
    - 特定退職金共済
    - 役員退職慰労金
    - 臨時割増退職金
    - 退職一時金
  - 企業年金制度
    - 確定給付年金制度
      - 確定給付企業年金(基金型・規約型)
      - 厚生年金基金
      - 適格退職年金(2012年3月廃止)
      - 非適格退職年金
    - 確定拠出年金制度
      - 企業型確定拠出年金
      - 個人型確定拠出年金

↑ 退職給付会計の対象

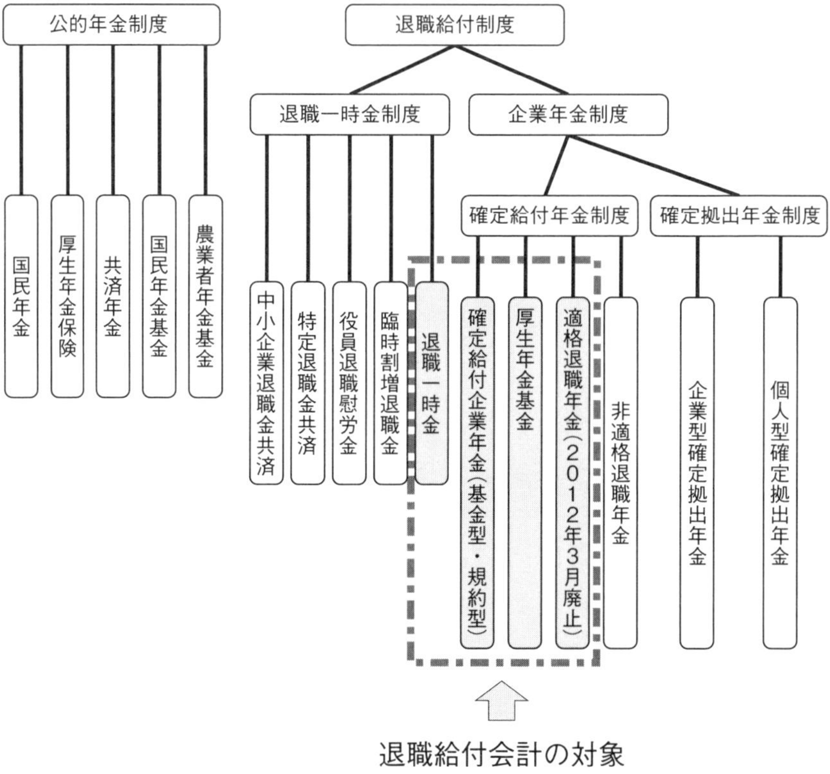

■はじめに■

　我が国の年金制度は，国が運営する**公的年金制度**と企業等による**退職給付制度**により構成されています。このうち企業等による退職給付制度には，**退職一時金制度**と**企業年金制度**があります。

■退職一時金制度と企業年金制度■

　退職一時金制度は，企業が従業員の退職時に退職金を企業の内部資金から一括で支払う制度です。本章では定年退職等による退職時に支払われる通常の退職金を退職一時金と呼び，退職一時金制度といった場合には役員退職慰労金や臨時割増退職金等の一時金制度も含んだものとしています。

　企業年金制度は，企業が外部の年金基金等に積み立て，それを運用・管理し，退職者が退職後に年金基金等から年金を受け取る制度です。後述しますが，確定給付型と確定拠出型に大別できます。

■受給方法は多種多様■

　退職後に年金を受け取れるのが企業年金制度の特徴ですが，本人が希望すれば年金方式ではなく，退職時に一時金で受け取ることもできます。また，一時金と年金を併用していることもあります。この場合には，退職時に一時金を受け取るだけでなく，その後の年金も受け取ることになります。

　さらに，一口に年金方式といってもいくつかの種類があります。60歳から10年や15年といった具合に受給期間が決まっている有期年金，一生涯受給できる終身年金，両者を組み合わせたものなど，制度設計によって受給方法は様々です。

2-2 年金制度の全体像
年金制度の種類

 我が国の年金制度は国民年金を基礎とした3階建て構造です。被保険者の種類によって加入できる制度が異なっていますが、被保険者の種類によって給付額に差がつかないように、各種制度が整備されています。

【年金制度の全体イメージ】

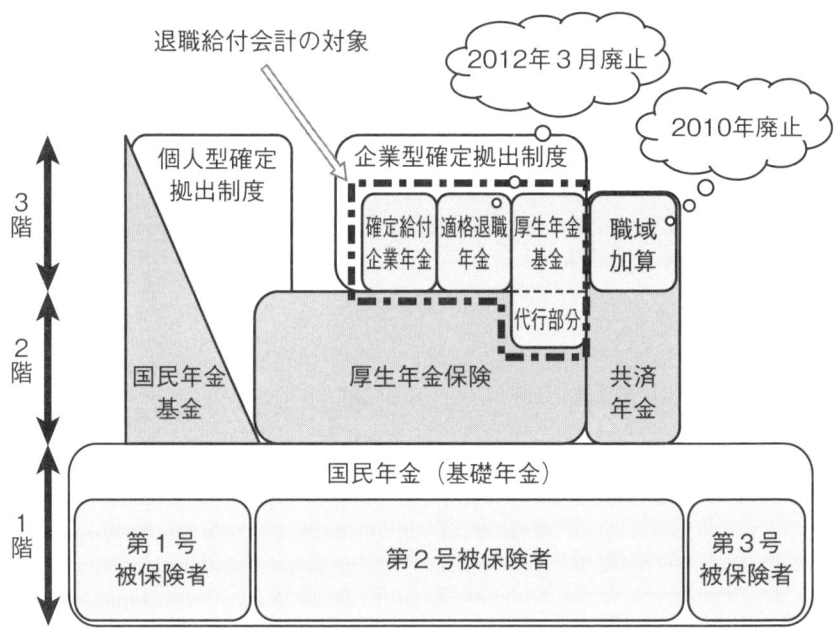

■我が国の年金制度は国民年金を基礎とした3階建て■

① 我が国の年金制度は，全国民共通の国民年金（基礎年金）を基礎（1階部分）として，厚生年金保険や共済年金といった報酬比例の年金をその上乗せとして支給する制度（2階部分）になっています。
② 公的年金制度以外には，サラリーマンのより豊かな老後を保障する厚生年金基金，確定給付企業年金等（3階部分），また自営業者等に対しては基礎年金の上乗せとして国民年金基金，個人型確定拠出年金があります（2階・3階部分）。

■自営業者（第1号被保険者）の2階・3階部分■

自営業者を中心とする第1号被保険者の場合，国民年金法の規定に基づく任意加入の公的年金である国民年金基金の他，個人型確定拠出年金制度があり，これらが2階および3階部分になります。

元々，これらの制度はありませんでしたが，サラリーマン等の第2号被保険者との制度間での給付額の差を小さくするために設けられた経緯があります。

One more

退職給付会計を理解するには

退職金や年金と聞くと，老後の生活資金を思い浮かべると思います。老後の生活資金の準備には，公的年金制度や勤め先による退職金や企業年金制度の他，個人年金保険や株式投資，貯蓄など自助努力によるなど様々な方法があります。退職給付会計を理解するには，まず，これら制度を全体的に理解することも重要です。

2-3 公的年金制度
公的年金制度の種類

☞ 公的年金制度は，国が行う社会保障制度の1つで，「国民年金（基礎年金）」「厚生年金保険」「共済年金」があります。

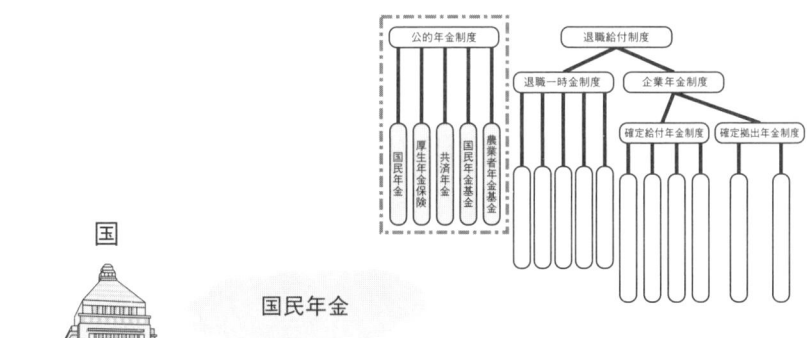

```
公的年金制度                    退職給付制度
├ 国民年金                    ├ 退職一時金制度
├ 厚生年金保険                └ 企業年金制度
├ 共済年金                        ├ 確定給付年金制度
├ 国民年金基金                    └ 確定拠出年金制度
└ 農業者年金基金
```

国
国民年金
厚生年金保険
年金
共済年金

退職 → 老後生活

■国民皆年金■

公的年金制度である国民年金は，日本国内に居住している20歳以上60歳未満の全ての人が加入することが法律で義務付けられています。全員が加入することから，この仕組みを「国民皆年金」といいます。2－2「年金制度の全体像」の3階建て制度の1階部分にあたります。

■国民年金は基礎年金を支給■

国民年金は，自営業者だけでなく，厚生年金保険などの被用者年金制度の加入者とその配偶者にも共通する給付として，①老齢基礎年金，②障害基礎年金，③遺族基礎年金の3種類の基礎年金を支給します。

■国民年金の被保険者は3グループに分別■

職業などによって次の3つのグループに分かれており，加入手続や保険料の納付方法が異なります。

① 第1号被保険者…学生や自営業者
② 第2号被保険者…会社員や公務員等
③ 第3号被保険者…第2号被保険者の被扶養配偶者

■厚生年金保険と共済年金■

第2号被保険者が対象であり，厚生年金保険は民間企業の従業員，共済年金は共済組合の職員（国家公務員，地方公務員，私立学校の教職員等）を対象として給付される年金制度です。

いずれの制度も報酬比例であり，報酬額に応じて保険料も受給額も変動することになります。前述の3階建て制度の2階部分にあたります。

2-4 退職一時金制度
退職一時金制度の種類

☞ 退職一時金制度とは，退職時に一時金が支払われる制度のことです。

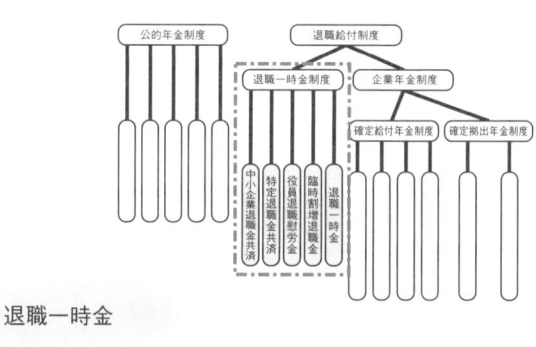

```
                公的年金制度            退職給付制度
                                  ┌──────────┴──────────┐
                              退職一時金制度          企業年金制度
                                                ┌──────┴──────┐
                                            確定給付年金制度  確定拠出年金制度
          ┌────┬────┬────┬────┐
        中小企業  特定退職  役員退職  臨時割増  退職
        退職金共済 金共済   慰労金   退職金   一時金
```

企業

退職一時金

一時金 ¥

中小企業退職金共済

割増退職金

役員退職慰労金

退職

■退職一時金制度にはどんなものがあるの？■

　企業が独自で内部留保した積立金から退職金を支払う「**退職一時金**」（左図イメージ）の他，単独で退職一時金制度を持つことが困難な中小企業を対象とした「**中小企業退職金共済**」「**特定退職金共済**」，役員の退任時に支払われる「**役員退職慰労金**」，早期退職制度やリストラ等に伴い支払われる「**臨時割増退職金**」等があります。

■退職一時金は内部積立制度■

　退職一時金は，一般的に退職金制度と呼ばれているものです。

　企業内部で積み立てた留保金から，退職者へ一時金を支払う点が特徴です。

■中小企業退職金共済は社外積立金制度（2－7参照）■

　中小企業退職金共済は，独立行政法人勤労者退職金共済機構が，中小企業の代わりに退職金制度の管理・運用を行い，退職者へ退職金を支払う制度です。これは，自ら退職一時金制度を作って運用することが困難な中小企業が，機構へ掛金を拠出することで制度の運用や支給の手間を省くことができるという特徴があります。また，従業員にとっても企業から分離して資産が管理運用されていますので，企業にもしものことがあっても受給に影響されないという特徴があります。

　中小企業退職金共済は，確定拠出型年金と同様，運用次第で一時金の額が増減します。そのため，**退職給付会計の対象外**となります。

2-5 確定給付型年金制度
確定給付型年金制度の概要

☞ 確定給付型制度は，退職者が受け取る退職金（給付金）の計算方法があらかじめ確定している制度です。

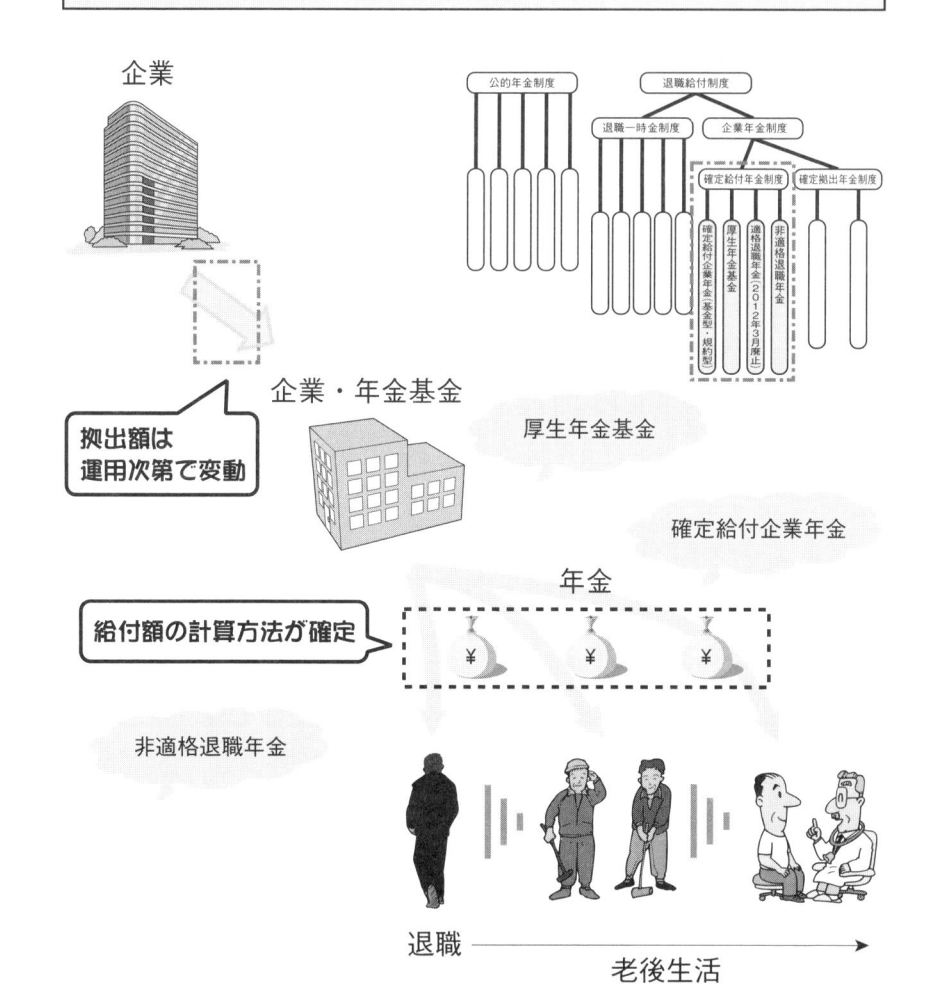

企業

拠出額は運用次第で変動

企業・年金基金

給付額の計算方法が確定

年金

公的年金制度　退職給付制度
退職一時金制度　企業年金制度
確定給付年金制度　確定拠出年金制度
確定給付企業年金（基金型・規約型）
厚生年金基金
適格退職年金（2012年3月廃止）
非適格退職年金

厚生年金基金

確定給付企業年金

非適格退職年金

退職　→　老後生活

■確定給付型年金制度とは■

確定給付型年金制度は，将来受け取る退職金（年金）の計算方法があらかじめ確定している制度をいいます。従業員の立場からは，将来自分が受け取る退職金（年金）を前もって計算できるため，将来の生活設計が立てやすいというメリットがあります。

給付額の計算方法には，定額方式，最終給与比例方式，平均給与比例方式，累積給与比例方式，ポイント累積方式，キャッシュバランスプラン等があります。

■確定給付型年金制度にはどんな制度があるのか？■

確定給付型年金制度には，確定給付企業年金（基金型・規約型）や厚生年金基金があります。その他，2012年3月末で廃止となった適格退職年金も確定給付型年金制度でした。

■誰が運用リスクを負うのか？■

運用リスクは企業が負います。確定給付制度では，将来退職者へ支払う退職金（年金）額の計算方法があらかじめ確定しています。企業には，確定している計算方法によった額を将来支払う義務があるため，仮に運用実績が予定を下回った場合には，不足する支給原資分について，企業が追加で掛金を拠出して対応する必要が生じます。

> **One more**

確定給付の確定の意味
　確定給付といっても，各人の将来の給付額が確定しているわけではないことに注意！！確定しているのは，あくまでどのように金額を決定するかという計算方法についてです。

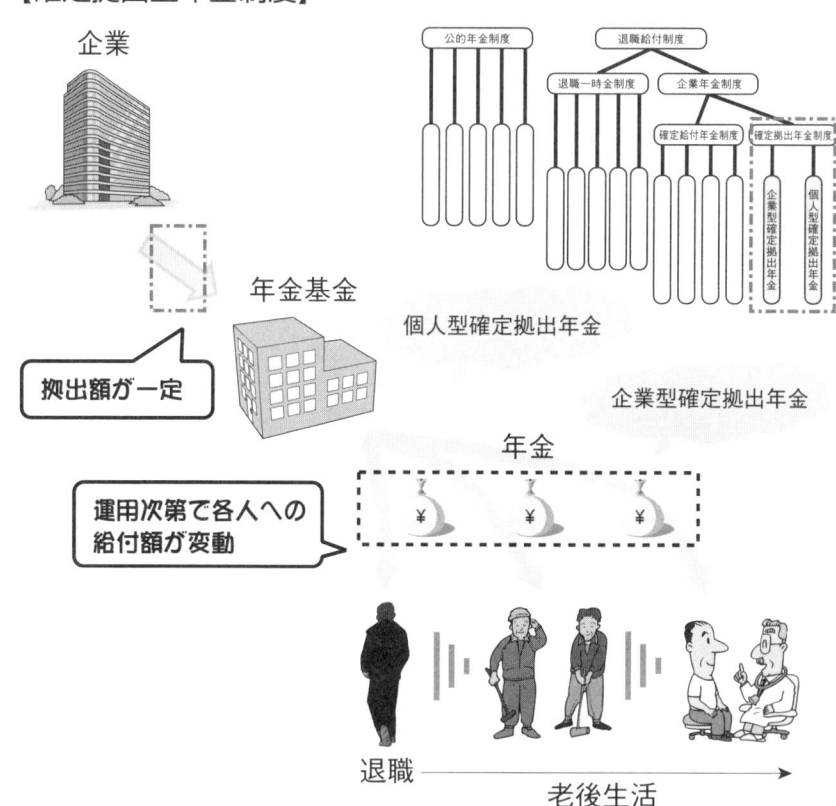

2-6 確定拠出型年金制度
確定拠出型年金制度の概要

> 確定拠出型年金制度は，年金制度へ拠出する掛金の金額があらかじめ確定しており，退職者が受け取る退職金（給付金）の支給額は運用次第で変動する制度です。掛金は全額を企業が拠出しますが，運用方針は加入者個人が決定して指示します。

【確定拠出型年金制度】

企業

拠出額が一定

年金基金

公的年金制度　退職給付制度
退職一時金制度　企業年金制度
確定給付年金制度　確定拠出年金制度
企業型確定拠出年金　個人型確定拠出年金

個人型確定拠出年金

企業型確定拠出年金

年金

運用次第で各人への給付額が変動

退職 ── 老後生活

■確定拠出型年金制度導入の背景■

　確定拠出型年金制度（企業型・個人型）が日本に導入されたのは2001年と比較的最近です。企業が運営主体になる**企業型**と，国民年金基金連合会が運営主体となる**個人型**があります。

　従来，企業年金の主流であった適格退職年金の廃止や厚生年金基金の代行返上が進む中，受け皿の1つとして誕生しました。

　それまでの退職給付制度とは大きく異なる確定拠出型ということで当初は採用する会社は僅かでしたが，運用リスクを会社が負わない点が注目され確定拠出型年金を採用する会社は増加しています。

■誰が運用リスクを負うの？■

　運用リスクは従業員が負います。確定拠出制度では，掛金が拠出されてから，将来退職し給付を受けるまでの間，従業員個々人が運用に責任を持つことになります。つまり，運用がうまくいけば多くの給付が受けられる一方で，運用が予定通りにいかなければ受けられる給付も少ないものとなるのです。

■すべて従業員の自己責任なの？■

　前述の通り従業員が運用リスクを負いますが，従業員の誰もが運用の知識や経験があるわけではありません。そこで，企業には従業員へ教育を受けさせる義務が課されています。また，年金資産の運用方法についても企業が用意した中からの選択制となるため，企業が掛金の支払以外何もしなくていいというわけではありません。

2-7 中小企業退職金共済制度など
中小企業を対象とした退職金共済制度

☞ 中小企業の従業員向けに共済制度が整備されています。

中小企業退職金共済制度
- 業種別要件を満たす中小企業のみ加入できる
- 事業主体は国で国庫からの助成を受けられる
- 中小企業が掛金を負担し退職者へ一時金を支払う

特定業種退職金共済制度
- 建設業・清酒製造業・林業を営む事業主のみ加入できる
- 中小企業退職金共済制度を補足する位置付け
- 被共済者は期間従業員に限定

特定退職金共済制度
- 事業主体は特定退職金共済団体で国からの助成はない
- 商工会議所等が税務署長の承認を得て共済団体を設立
- 中小企業退職金共済制度のような加入要件はない

■中小企業退職金共済制度■

　退職金制度が充実している大企業との格差是正を図ることを目的として，業種ごとに定められた要件を満たした中小企業を対象とした退職金共済制度です。一般に「中退共」と呼ばれています。運営主体は独立行政法人勤労者退職金共済機構（厚生労働省管轄）であり，加入者の退職時に退職金の支払を行います。

業種	加入要件
一般業種（製造・建設業等）	従業員300人以下または資本金等3億円以下
卸売業	従業員100人以下または資本金等1億円以下
サービス業	従業員100人以下または資本金等5千万円以下
小売業	従業員50人以下または資本金等5千万円以下

■特定業種退職金共済制度■

　中小企業退職金共済法に基づく共済制度の特例に位置付けられ，特定業種（建設業，清酒製造業，林業を営む中小企業者）を対象とした共済制度です。

　この制度の特徴は，共済制度の加入者が期間従業員ということです。期間従業員の場合，通常の退職金制度に加入させることが困難なことから制定されました。期間雇用者が特定業種から引退すると，退職金が支払われます。

■特定退職金共済制度■

　商工会議所等が特定退職金共済団体を設立して，参加各企業が共同で退職金の積立を行う制度です。中小企業退職金共済制度が「中小企業退職金共済法」に基づき設立されているのに対して，この制度は地域の商工会議所等が税務署長の承認により共済団体を設立して運営します。

2-8 退職給付会計の対象
退職給付会計の対象となる退職給付制度

☞ 退職給付会計が適用されるのは、退職一時金制度および確定給付型制度です。

制度	退職給付会計の対象か？
退職一時金制度	○
確定給付型年金制度	○
確定拠出型年金制度	×

■退職一時金は退職給付会計の対象■

退職一時金は，将来支払う退職金の額の計算方法が確定し，将来企業が負担すべき金額があるため，退職給付会計の対象になります。

■なぜ確定給付型制度が対象なのか？■

退職給付会計は，将来の退職給付支給に必要な資金の不足額や，企業が追加的に負担すべき金額を明らかにして財務諸表に適切に反映させることを目的としています。

確定給付型年金制度を採用している場合，将来の退職金の計算方法があらかじめ規程等によって定まっているため，運用利回りが当初予定より低下した場合，将来の掛金が増額されるなど，企業に追加負担が生じる可能性があります。このため，将来発生する可能性のある追加負担分を計上する退職給付会計が適用対象となります。

■確定拠出型年金制度は対象外■

確定拠出型年金制度は，年金制度へ拠出する掛金があらかじめ確定しており，給付額は掛金拠出後の運用実績次第で変動する制度です。

一度，年金制度へ掛金を拠出した後の運用リスクは企業にはなく，企業に追加負担が生じないため，確定拠出型年金制度は退職給付会計の適用範囲に含まれません。なお，確定拠出型年金制度の場合には，掛金の拠出時点に費用処理するのみ，という単純な会計処理となります。

中小企業退職金共済制度等（2－7参照）は，確定拠出型であるため，退職給付会計の対象となりません。

COFFEE BREAK

改正後IAS19号(従業員給付)の主な特徴

　2011年6月16日，IAS19号が改正されました。2013年1月1日以降開始事業年度から適用されます。

　改正の主な内容は下記のとおりです。
① 　数理計算上の差異は，発生時にその他包括利益で認識されます。この数理計算上の差異は，組替調整（リサイクリング）されることはありません。つまり，純損益で認識されることはありません。当期純利益の定義があいまいなIFRSの特徴が表れています。なお，現行基準の特徴であった回廊アプローチは廃止されることになります。
② 　過去勤務費用については，即時費用処理認識されることになります。
③ 　期待運用収益は廃止されることになります。利息費用は純損益で認識されることになります。この場合の利息費用は，純利息費用です。純利息費用は，確定給付債務から制度資産を控除した純額に割引率を乗じて計算されることになります。
④ 　勤務費用は純損益で認識されることになります。

　遅延認識の概念がなくなること，および，組替調整（リサイクリング）されないことがポイントになります。
　今後，当期純利益の概念が明確になり，また，業績の概念も明確になると，さらに改正がなされることが予想されます。

第3章 退職給付会計の詳細説明

　この章では，退職給付会計に関する用語説明から会計処理方法など詳細な説明をします。

　「退職給付会計に入る前に」にある全体像・用語集を眺めながら進めてください。

くわしく見ていくよ！

3-1 退職給付債務と退職給付見込額
【Step 1】退職給付債務の計算

> 手順:
> 【Step 1】退職給付見込額➡(期間定額基準)➡退職給付見込額のうち現在までの発生額➡【Step 2】(割引計算)➡退職給付債務

設例 1

設例1を使い，退職給付見込額と退職給付債務の関係を見ていきましょう。

【前提条件】
・Aさんは，入社後2年間働いて退職します。
・退職時一時金として，202万円支払われます。
・現在は，入社から1年が経過しています。
・割引率は，1％と仮定します。

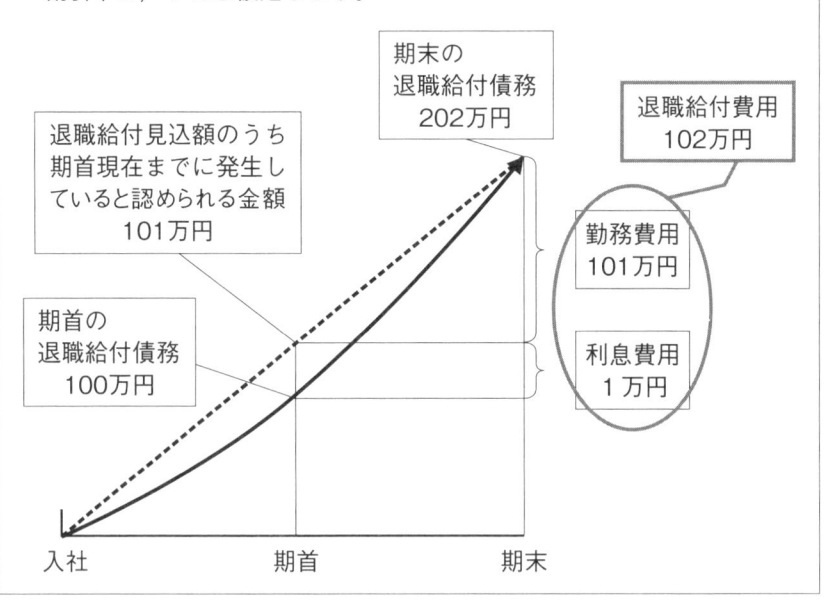

- 期末の退職給付債務 202万円
- 退職給付費用 102万円
- 退職給付見込額のうち期首現在までに発生していると認められる金額 101万円
- 勤務費用 101万円
- 期首の退職給付債務 100万円
- 利息費用 1万円

入社　　期首　　期末

■定義（退職給付見込額）■

退職給付見込額とは，退職時に見込まれる退職給付の総額をいいます。

■設例を使って確認（退職給付見込額）■

設例1で退職給付見込額はいくらになるでしょうか。

定義から，退職給付見込額は退職給付（退職金）の総額をいいますので，202万円となります。

■定義（退職給付債務）■

退職給付債務とは，一定の期間にわたり労働を提供したこと等の事由に基づいて，退職以後に従業員に支給される給付のうち，認識時点（たとえば期末時点）までに発生している部分で（期末退職金要支給額に相当），割引計算により測定されるものをいいます。

■設例を使って確認（退職給付債務）■

設例1で退職給付債務はいくらになるでしょうか。

退職給付債務の定義の「一定の期間にわたり労働を提供したこと等の事由に基づいて，退職以後に従業員に支給される給付」が先ほど説明した退職給付見込額になります。

これを基に退職給付債務の定義を整理しましょう。

退職給付債務は，①**退職給付見込額のうち現在までに発生していると認められる金額**を，②**割引計算することにより算定される金額**となります。

なお，改正退職給付会計基準においては，「期間定額基準」と「給付算定式基準」の選択適用になります。

■退職給付債務の算出■

退職給付債務：以下の2ステップで算出
　ステップ1：退職給付見込額のうち，現在までに発生していると認められる金額を算定する。
　ステップ2：ステップ1で算定された金額を割引計算する。

■退職給付見込額のうち現在までの発生額を算定する（ステップ1）■

退職給付見込額のうち，現在までの発生額の算定方法には，次のようにいくつかの方法があります。

■退職給付見込額のうち現在までの発生額の算定方法■

退職給付債務見込額のうち現在までの発生額の算定方法
　1：期間定額基準　←　原則的な方法
　2：給与基準
　3：支給倍率基準
　4：ポイント基準

ここでは，原則的な方法とされている「期間定額基準」を見ていきます。

■定義（期間定額基準）■
期間定額基準とは，退職給付見込額を全勤務期間で除した額を各期の発生額とする方法をいいます。

■設例を使って確認（期間定額基準）■
設例1で，期間定額基準を用いて，退職給付見込額のうち，現在まで

の発生金額を算定した場合，いくらになるでしょうか。

　定義から，期間定額基準によれば，退職給付見込額のうち，現在までの発生金額は，次のような算式で算定することが理解できます。

□期間定額基準□
退職給付見込額のうち現在までの発生額＝
　　　　　退職給付見込額×$\dfrac{\text{現在までの勤続年数}}{\text{全勤務期間}}$

　Aさんの全勤務期間は2年でした。
　また，現在までの勤続年数は1年でした。
　したがって，退職給付見込額のうち現在までの発生額は，
202万円÷2年×1年＝101万円
となります。

3－2 退職給付債務と割引計算
【Step 2】退職給付債務の計算

> 手順：
> 【Step 1】退職給付見込額➡（期間定額基準）➡退職給付見込額のうち現在までの発生額➡【Step 2】（割引計算）➡退職給付債務

■割引計算する（ステップ2）■

ステップ1で計算された退職給付見込額のうち現在までの発生額について，割引計算をした金額が退職給付債務となるのでした。

では，なぜ割引計算が必要になるのでしょうか。

設例1（3－1）では，Aさんの退職金は202万円とされており，現在までの発生金額は101万円とされました。この101万円は今すぐに用意しておく必要はなく，1年後のAさんの退職時にこれだけあればいいという金額です。

それでは，今いくらあればいいのでしょうか。たとえば，預金や国債で運用することによって現在のお金は1年後に増えているはずです。

たとえば，次の国債を購入し，1年間運用した場合を考えてみます。

```
国債の条件  ・額面：100万円
           ・期間：1年
           ・利率：1.0%
```

■国債による運用と利息■

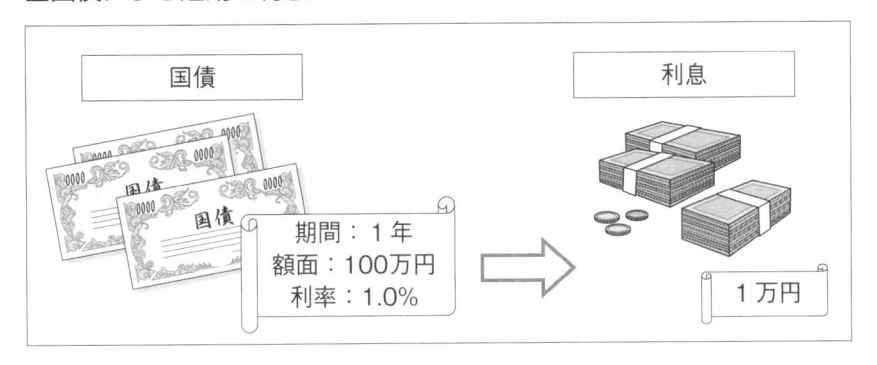

期間：1年
額面：100万円
利率：1.0%

利息 1万円

■設例を使って確認（割引計算）■

100万円の国債を購入した場合，1年後にどのくらいの金額が戻ってくるでしょうか。

元本100万円と利子1万円で，合計101万円となり，これが1年後に戻ってくる金額になります。

反対に言えば，1年後に101万円を用意するためには，現時点で100万円だけ用意すればいいということになります。

このように，将来の支出に備えて，現時点で用意しておくべき金額を計算することを**割引計算**といいます。

また，ここで算定された金額（100万円）を**割引現在価値**といいます。

この割引計算を数式で表現すると以下のようになります。

割引現在価値＝101万円÷（1＋1.0%）＝100万円

退職給付債務の計算

```
                                           退職給付見込額
                                           202万円
  退職給付見込額のうち
  現在までに発生してい
  ると認められる金額
  101万円                                            202万円
                        ステップ1

  退職給付債務
  100万円
                                                   101万円
                                                   100万円

                        ステップ2

  入社              現在              現在から1年後
```

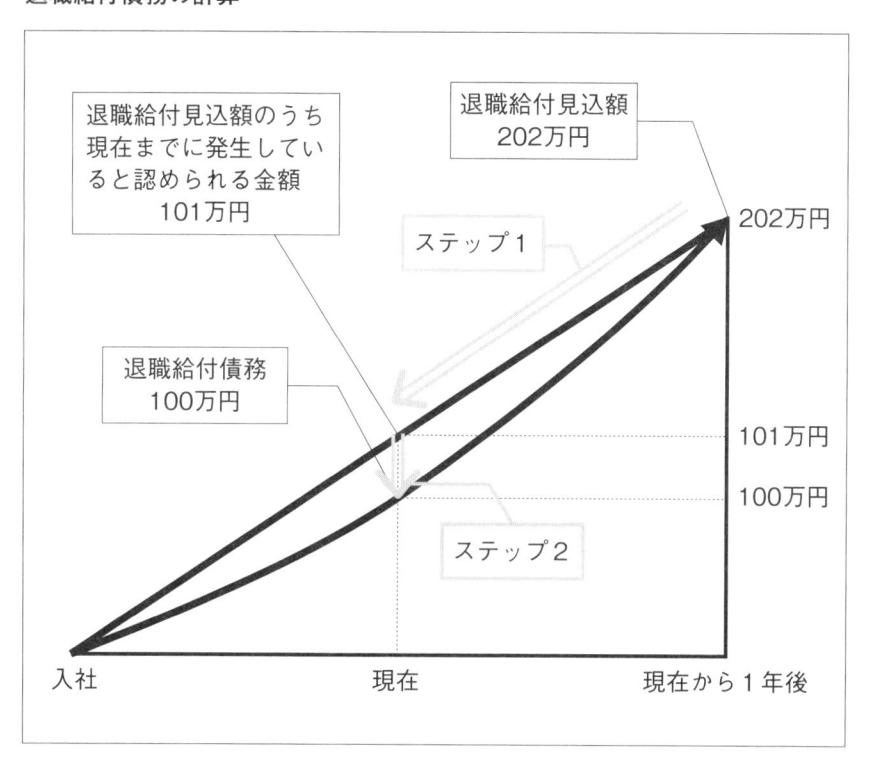

■**退職給付債務の計算のまとめ**■

　ステップ1：退職給付見込額のうち，現在までに発生していると認められる金額は101万円と算定されました。

　ステップ2：割引計算した結果，100万円と算定されました。
　　　　　　したがって，現在における**退職給付債務の金額は100万円**となります。

現場から見た退職給付会計

改正基準編

(その1)

退職給付債務は，年金数理人が代行計算していることが多く，毎期末に，再計算が必要になります。

ところで，この再計算ですが，時期が問題になる可能性があります。旧基準においては，注記に間に合えば問題なかったのですが，改正基準においては，数理計算上の差異を即時認識することになるので，遅くとも貸借対照表作成時期には間に合わないといけないからです。

(その2)

改正基準においては，計算ロジックが変わります。

IFRSを見据え，給付算定式基準を採用する企業もあるでしょう。また，複数の割引率を設定する企業も，単一の平均割引率を設定する企業もそれぞれ出てくるでしょう。

ここで重要なことは，検証作業が非常に難しくなる，ということです。内部統制上も評価が難しくなることが予想されます。

いずれにしても，早めの対応をしておくことに越したことはありません。

3-3 退職給付債務と基礎率
基礎率の概念

> 退職給付債務を計算する際には，さまざまな基礎率が使用されます。

【基礎率と退職給付債務等の関係】

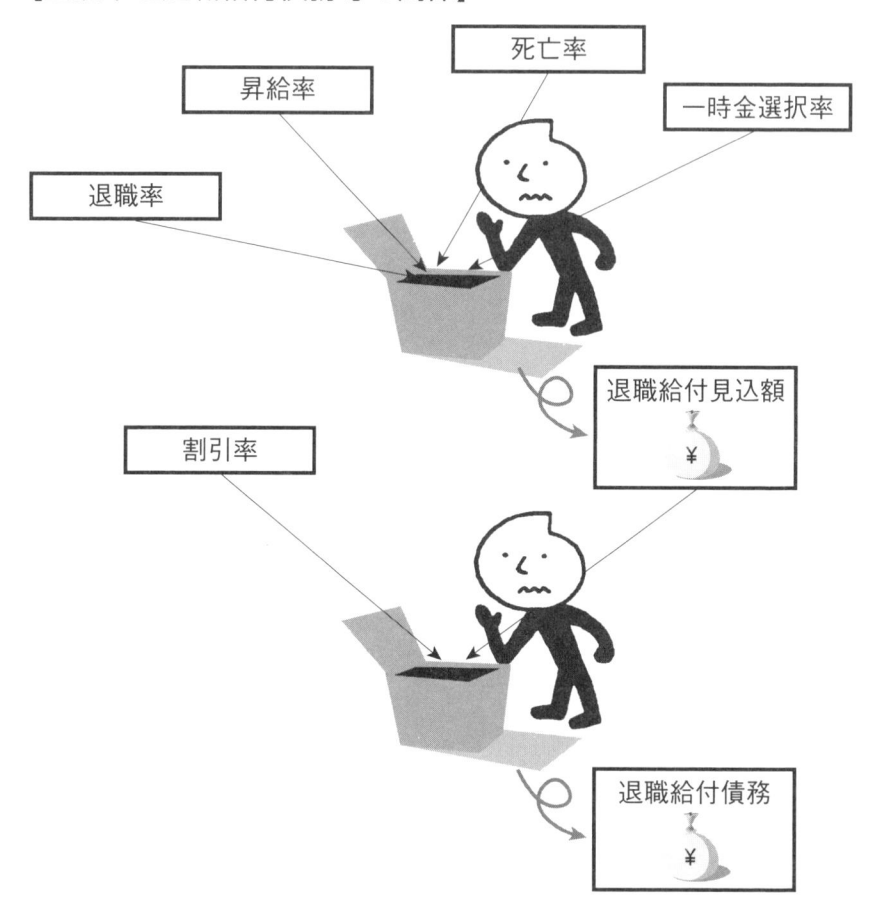

- 死亡率
- 昇給率
- 一時金選択率
- 退職率

→ 退職給付見込額

- 割引率

→ 退職給付債務

■基礎率の概念■

そもそも**基礎率**とは，何でしょうか。

退職給付債務は，将来の退職給付見込額を割引計算することにより算出されます。

退職給付見込額を合理的に見積もるためには，従業員がいつやめるのか（退職率・死亡率）といった情報や，やめるときの退職金の水準はどのくらいか（予定昇給率）といった情報が必要になります。

また，退職給付債務の算出にあたり，現在価値を算出する際には，割引率がいくらかといった情報が必要になります。

このように，退職給付債務を算出するためには，**見積もりの前提となる，さまざまな基礎数値**が必要となり，これらを**基礎率**といいます。

■基礎率の種類■

退職給付債務を計算する際に使用される基礎率には次のようなものが考えられます。

- 割引率
- 退職率
- 死亡率
- 予定昇給率
- 一時金選択率
- 期待運用収益率

次に，これらがどのようなものか見ていきましょう。

3-4 割引率①
代表的な基礎率のひとつ，割引率

> 割引計算の際に使用される率が「割引率」です。その決定には2つのルールがあります。

■割引率の概念■

割引率は，割引計算をする際に使用される率をいいます。

改正退職給付会計基準において，一部変更があります。7-1を参照してください。

■先ほど（3-2）の例で■

```
国債の条件  ・額面：100万円
            ・期間：1年
            ・利率：1.0%
```

■国債による運用と利息■

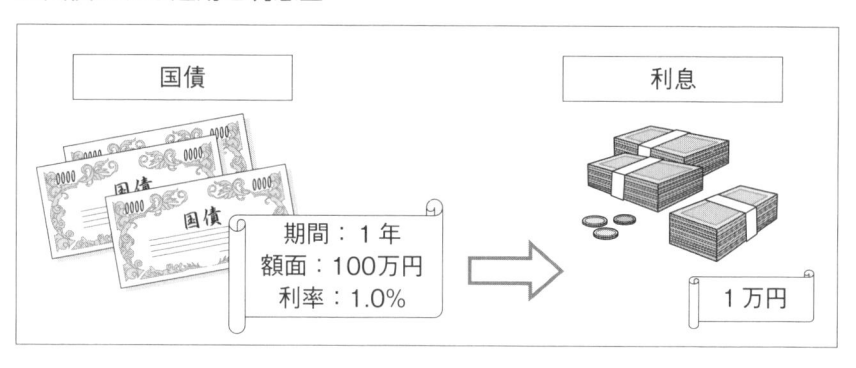

国債
期間：1年
額面：100万円
利率：1.0%

⇒ 利息 1万円

1年後に101万円の支払いをするために，国債（額面：100万円，期間：1年，利率：1.0%）で運用する場合には，現時点において100万円だけ用意すればいいことは既に説明しました。

このように，将来の支払いに備えるために，現時点で用意しておくべき金額を算出することを割引計算といいましたが，この計算で使用される率を割引率といいます。

図1■割引計算と割引率■

> 割引現在価値＝101万円÷（1 ＋1.0%）＝100万円

これが割引率！

■割引率決定におけるルール■

退職給付債務を計算する際の割引率は，どのようにして決定されるのでしょうか。

当然のことながら，何かしらのルールに基づいて割引率を決定する必要があります。

以下の2つのルールがあります。

図2■割引率決定のルール■

> ルール1：安全性の高い債権の利回りを参照して割引率を決定すること
> ルール2：参照する債権の満期までの期間は，退職金支払いまでの期間と整合していること

■（ルール１）安全性の高い債券の利回りを参照して割引率を決定すること■

「安全性の高い」とは，債券の発行体に倒産等の事象が発生することにより支払不能となる確率が低いことを意味します。

さきほどの例では，国債を基礎として割引率を設定しましたが，国債は一般的に「安全性の高い債券」と認められます。

国債以外にも政府機関債や，複数の格付機関よりダブルA格相当以上を得ている社債等は一般的に「安全性の高い債券」と認められます。

これらの債券の利回りを参照して割引率を設定することになります。

■（ルール２）債券の満期までの期間は，退職金支払いまでの期間と整合していること■

「安全性の高い債券」であれば，どのような債券でもいいというわけではありません。

債券の満期までの期間は，退職金支払いまでの期間と整合していること（ルール２）が必要となります。

> **One more**

基本的な考え方として，時間的価値のみを織り込むため安全性の高い債権の利回りを参照することになります。また，支払時期から現在までの割引なので，支払時期までの年数と国債などの満期までに年数は整合する必要があります。

通常は，平均残存勤務期間と満期までの年数を整合させることになります。

第3章　退職給付会計の詳細説明　63

図3■割引率決定のルール（期間の一致）■

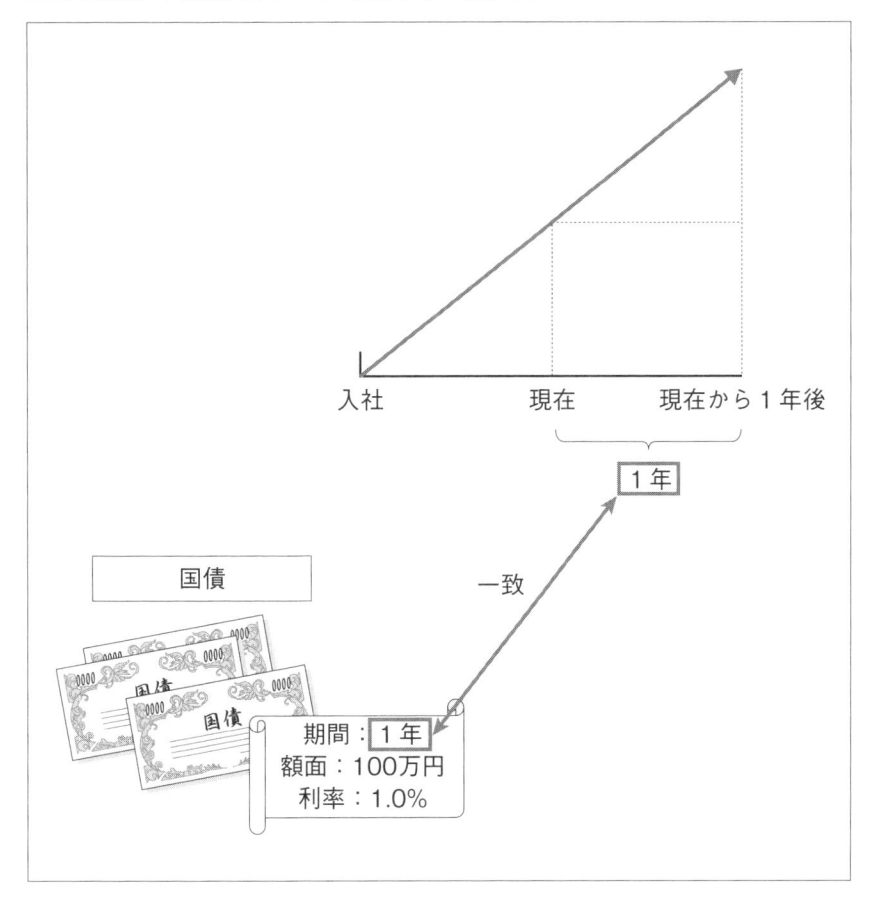

入社　　　　　現在　　　現在から1年後

1年

国債

一致

期間：1年
額面：100万円
利率：1.0%

3-5 割引率②
割引率の変更の要否

☞ 「割引率」を変更する場合には一定のルールがあります。

【変更ルール】

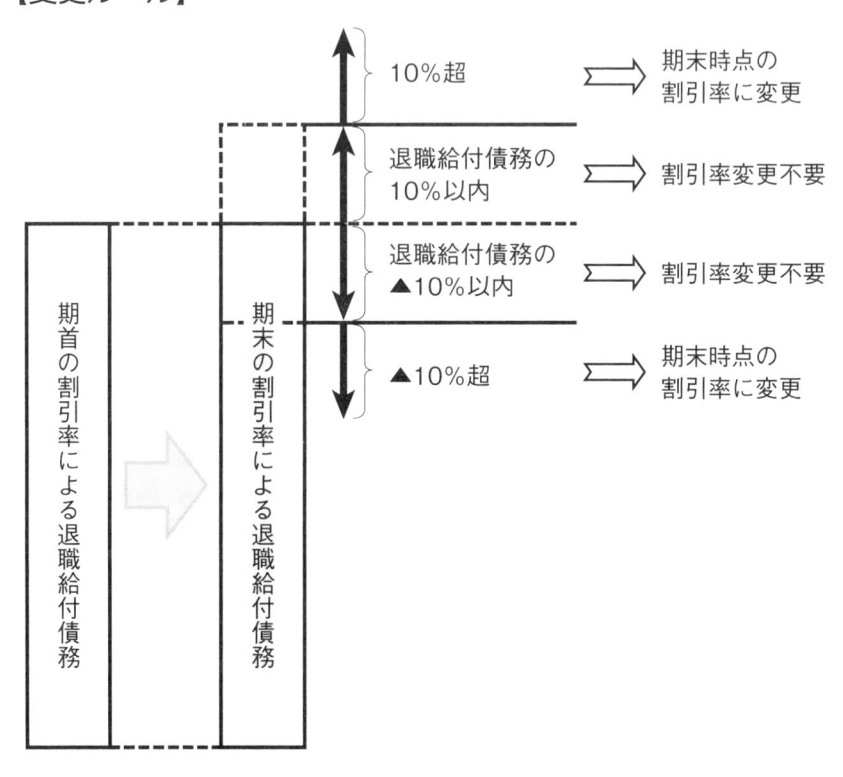

期首の割引率と期末の割引率の差異	割引率の変更
10%超	期末時点の割引率に変更
退職給付債務の10%以内	割引率変更不要
退職給付債務の▲10%以内	割引率変更不要
▲10%超	期末時点の割引率に変更

期首の割引率による退職給付債務 ⇒ 期末の割引率による退職給付債務

第3章 退職給付会計の詳細説明

■**割引率変更の要否**■

割引率は，**期末時点のものを使用することが原則**です。そのため，**毎期毎期見直しを実施する必要**があります。

しかし，毎期末の割引率を用いて退職給付債務の計算をやり直さなければならないとすると，実務上の負担が多くなります。そのため，**重要性の範囲内であれば，割引率の見直しを行わなくてもよい**，というルールを設けています。

具体的には，割引率の変動により**退職給付債務の金額が10％以上変動すると推定される場合には，割引率を変更しなければなりません。**

逆に言えば，割引率が変動したとしても，それにより退職給付債務の金額が10％以上変動しない場合には，新しい割引率を使用して再計算する必要はありません。

なお，この基準は容認基準なので，10％以内の変動であっても期末の割引率よる退職給付債務に変更してもかまいません。

■**割引率変更の影響**■

一般的に，割引率を高くした場合は，退職給付債務は小さくなり，その後の退職給付費用は大きくなります。割引率を低くした場合には，退職給付債務は大きくなり，その後の退職給付費用は小さくなります。

3-6 退職率
退職率の算定方法

> 退職率には，生存退職率と死亡退職率があります。

「退職率」の算定例（過去3年間の退職率から算出している例）

年齢	前々々期 在籍者＋退職者	退職者	前々期 在籍者＋退職者	退職者	前期 在籍者＋退職者	退職者	退職率
16	0	0	0	0	0	0	0.00%
17	0	0	0	0	0	0	0.00%
18	0	0	0	0	0	0	0.00%
19	9	0	28	0	0	0	0.00%
20	1	0	9	0	28	3	0.00%
21	4	0	5	0	9	0	0.00%
22	13	2	4	0	5	1	15.38%
23	20	0	23	0	9	0	0.00%
24	72	1	26	0	25	2	1.39%
25	88	3	73	4	31	0	3.41%
26	74	3	87				
⋮				0	30	0	3.70%
50	30	1	26	1	25	1	3.33%
51	15	0	29	0	25	0	0.00%
52	18	1	15	1	29	0	5.56%
53	25	0	17	0	14	1	0.00%
54	20	1	25	0	17	0	5.00%
55	10	0	19	1	25	0	0.00%
56	16	0	10	0	18	0	0.00%
57	18	0	16	0	10	0	0.00%
58	30	1	18	1	16	0	3.33%
59	35	1	29	1	17	0	2.86%
60	32	32	34	34	28	28	100.00%

■「退職率」と退職給付債務の関係■

　退職給付見込額は勤続年数により増加していくのが一般的ですので，定年退職した場合とそれ以前に退職した場合では違いが生じます。

　また，年金の給付に関しても，従業員が定年退職した場合と死亡退職した場合で，金額・発生の時期が異なることとなります。

　そのため，退職給付見込額を計算し，退職給付債務を計算するときには，従業員がいつ退職するか，いつ死亡するかという要素を加味して計算することが必要となります。

　ここで登場するのが，**「退職率」**です。

　退職には，大きく分けて，生存退職と死亡退職があります。

■「退職率」の算定方法■

　生存退職率の場合には，過去の自己都合退職の実績に基づいて計算されます。過去３年から５年の実績の平均値を用いることが一般的です。

　死亡退職率の場合には，厚生労働省が発表している生命表に基づいて計算されることが一般的です。その際には，震災の影響等を除いた生命表を使用します。また，男女の構成比率等も考慮する必要があります。

　なお，必要と認められる場合には，企業の人事政策等に鑑みて，過去の実績値を補正する必要があります。

こうやって計算するのかあ！

3-7 死亡率
生命表について

☞ 死亡率には生命表が用いられます。

「死亡率」の算定
第20回生命表（女）

年齢 x	生存数 l^x	死亡数 $^nd^x$	生存率 $^np^x$	死亡率 $^nq^x$
0 週	100 000	93	0.99907	0.00093
1	99 907	21	0.99979	0.00021
2	99 886	11	0.99989	0.00011
3	99 875	8	0.99992	0.00008
4	99 867	25	0.99975	0.00025
2 月			0.99985	0.00015

第20回生命表（男）

年齢 x	生存数 l^x	死亡数 $^nd^x$	生存率 $^np^x$	死亡率 $^nq^x$
50	95 520	341	0.99643	0.00357
51	95 179	375	0.99607	0.00393
52	94 805	412	0.99565	0.00435
53	94 393	451	0.99522	0.00478
54	93 941	492	0.99476	0.00524
55	93 449	541	0.99421	
56	92 908	594	0.99361	
57	92 314	643	0.99303	
58	91 670		0.99244	
	90 977	744		

（出典：厚生省HP）

■「死亡率」を使用する場面■

前述したとおり，退職には，大きく，生存退職と死亡退職という2つがあります。

死亡退職率を算定するために死亡率は使用されます。

このように，死亡率は，退職一時金制度の発生時点の予測という場面に使用されます。

そのほか，退職年金制度における年金給付の終了時点の予測という場面でも使用されます。

退職年金制度における年金給付は，通常，退職後の従業員が生存している期間にわたって支払われるものなので，生存人員数を確定するために年齢ごとの死亡率を定める必要があるのです。

■「死亡率」の算定方法■

従業員の在職中および退職後における年齢ごとの死亡発生率を死亡率といいます。

この死亡率については，個々の企業における実績よりも国民全体の生命表を基準に設定する方法が一般的であり，統計的にも合理的であるものと考えられています。

したがって，死亡率の算定には，原則として，直近の生命表に基づく死亡率を用いるものとされています。なお，この生命表は，厚生労働省が毎年発表しています。

なお，生命表を使用する際には，震災等の影響を除いたものを利用する必要があります。また，男女の構成比も考慮する必要があります。

3-8 予定昇給率①
予定昇給率の算定方法

☞ 予定昇給率については，確実に見込まれるものを合理的に推定します。

「昇給率」と「支給倍率」

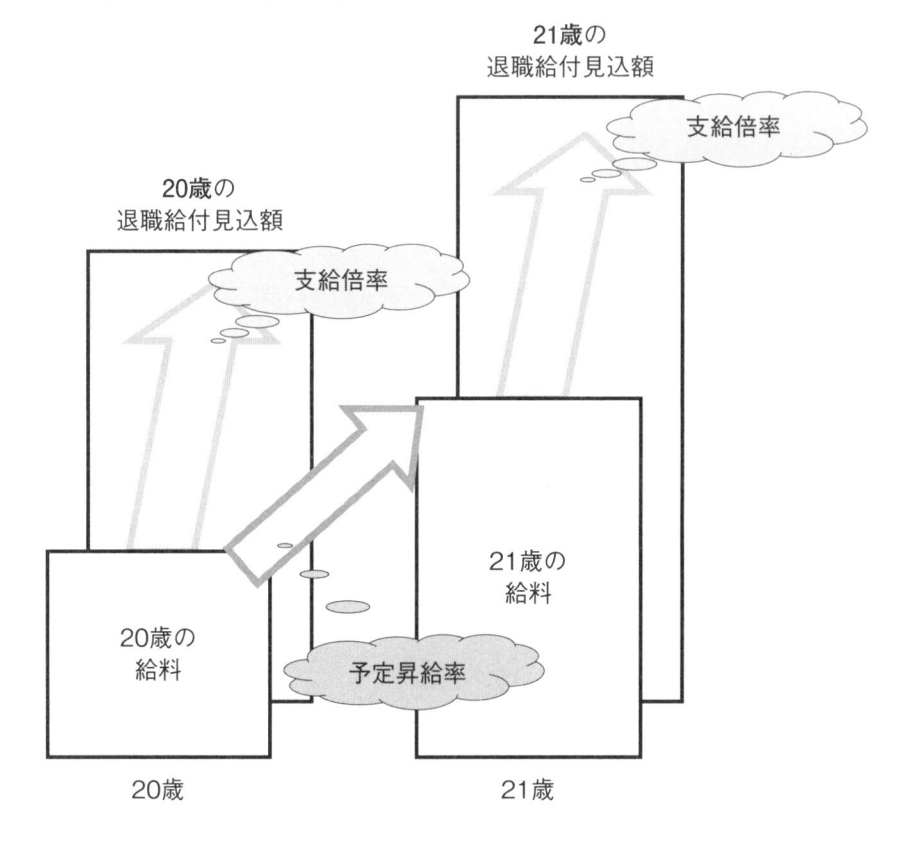

21歳の退職給付見込額
支給倍率

20歳の退職給付見込額
支給倍率

20歳の給料

21歳の給料

予定昇給率

20歳　　　21歳

■「予定昇給率」と「支給倍率」の概要■

　退職金の支払は，将来において生じることとなりますので，退職給付見込額の算出には将来いくらになるのかといった見積計算が必要となります。

　一般的に，退職時の給料が多くなるほど，退職給付見込額も多くなるという性質があります。

　退職時の給料を算出する際に使用されるのが，**「予定昇給率」**です。

　また，一般的に，退職給付見込額の金額は，将来の給料に一定の倍率を乗じて算出することが多いのですが，その計算に使用される倍率を**「支給倍率」**といいます。

■「予定昇給率」の算定方法■

　「予定昇給率」は給与規定や平均給与の実態分布および過去の昇給実績等に基づいて確実に見込まれるものを合理的に推定して算定します。

■異常値の控除■

　過去の昇給実績データの中には，急激な業績の変動に伴うものや，インフレ等に伴う昇給（もしくは減給）が含まれることがあります。

　これらの要因は将来において合理的に発生することが見込まれるとはいい難いですので，一般的に「予定昇給率」算定にあたっては，異常値として控除されます。

3−9 予定昇給率②
ベースアップの取扱い

☞ 予定昇給率は，3年から5年に1度見直すことが一般的です。

【ベースアップ】

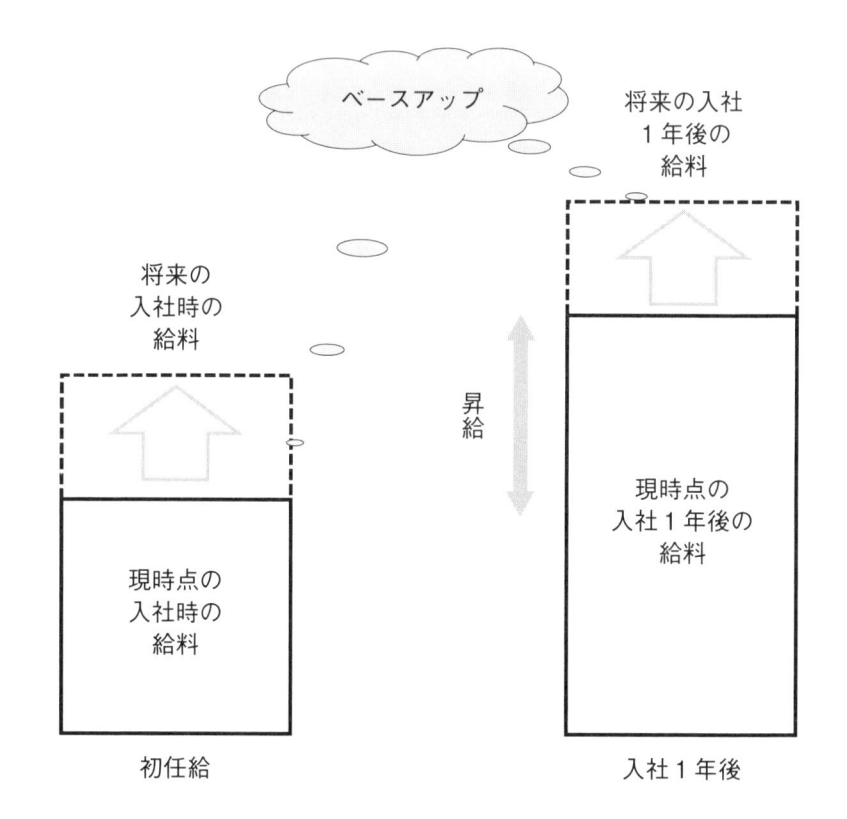

初任給	入社1年後
現時点の入社時の給料 → 将来の入社時の給料	現時点の入社1年後の給料 → 将来の入社1年後の給料

ベースアップ

昇給

■「予定昇給率」と退職給付債務の関係■

　退職給付見込額が多ければ多くなるほど，退職給付債務の金額は多くなります。また，「予定昇給率」が高くなればなるほど，退職給付見込額は多くなります。したがって，**「予定昇給率」が高くなればなるほど，退職給付債務は多くなる**という正の相関関係があるといえます。

■ベースアップの取扱い■

　ベースアップとは，**将来における給与水準の変動**のことをいいます。

　ベースアップについては，将来発生するかどうか確実ではないため，確実かつ合理的に推定できる場合を除いて，「予定昇給率」の算定に含めるべきではありません。

　反対に，ベースアップが過去に頻繁に発生し，見積りに比して給与水準が高くなった等の事実があり，今後も同程度以上のベースアップが見込まれる場合には，「予定昇給率」の算定に含めることが望ましいといえます。

　なお，改正退職給付会計基準においては，一部変更があります。7－1を参照してください。

■「予定昇給率」変更の要否■

　予定昇給率は，年金財政計算において3年から5年に1度の頻度で見直されており，会計上もこの数値を使用しているケースが一般的です。

　予定昇給率が変動すると退職給付債務の金額が変動しますので，退職給付債務の金額を適切に見積もるためには，予定昇給率が実態を適切に反映しているかどうかについて検討する必要があるといえます。

　しかし，上述のとおり，予定昇給率は数年に1度見直しが行われているため，給与体系の大幅な変動などが生じない限り，予定昇給率が実態と乖離することは生じにくいといえます。

3-10 退職給付費用
退職給付費用の概要

☞ 退職給付費用とは、期首から期末までの退職給付債務の変動金額を基礎として算定される会計上の費用をいいます。
退職給付費用は、退職給付債務の変動金額である、とまずは理解してください。

【前提条件】

・Aさんは入社後2年間働いて退職します。
・現在は期首で、1年後の期末にAさんは退職します。
・退職時に一時金として、202万円支払われます。
・割引率は1％と仮定します。

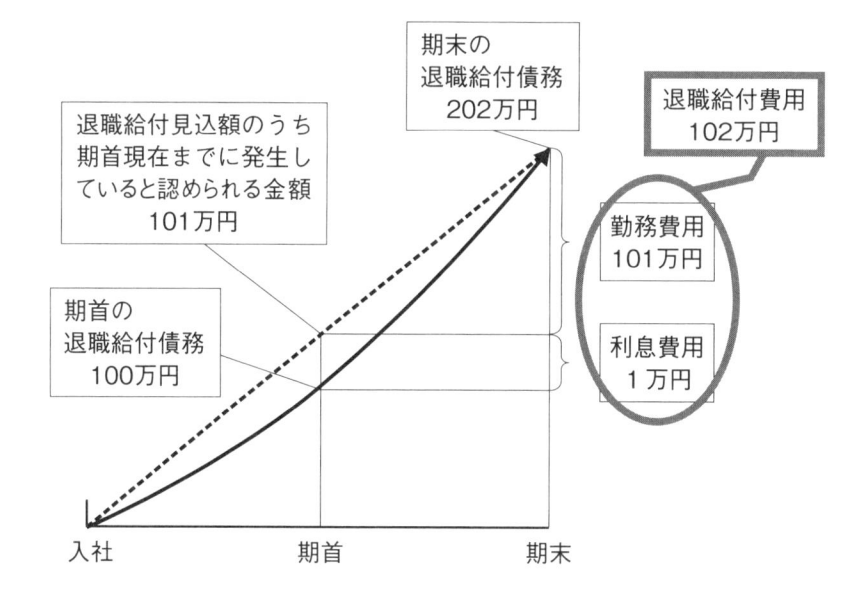

- 退職給付見込額のうち期首現在までに発生していると認められる金額 101万円
- 期末の退職給付債務 202万円
- 期首の退職給付債務 100万円
- 退職給付費用 102万円
  - 勤務費用 101万円
  - 利息費用 1万円

入社　期首　期末

■期首の退職給付債務の金額は？■

期首の退職給付債務の金額は，3−2で算定したとおり，100万円となります。

■期末の退職給付債務の金額は？■

（ステップ１）：期末までに発生していると認められる退職給付見込額の金額の算定

$$202万円 \div 2年 \times 2年 = 202万円$$
（退職給付見込額）　（全勤務期間）　（期末現在までの勤続年数）

（ステップ２）：割引計算

期末日は，退職する直前であり，割引計算は不要となります。

したがって，期末の「退職給付債務」の金額は202万円となります。

■退職給付費用の金額は？■

退職等がない場合には，退職給付費用の金額は，その期間における退職給付債務の変動額に一致します。

①期首の退職給付債務：100万円

②期末の退職給付債務：202万円

退職給付費用：②−①＝102万円

■勤務費用と利息費用■

退職給付費用は102万円と算定されましたが，これは勤務費用と利息費用に区分することができます。

次項以降で確認していきましょう。

3-11 勤務費用と利息費用
退職給付費用の代表的な構成要素

☞ 退職給付債務の増加分は，大きく2つの要素（勤務費用と利息費用）があります。

【退職給付費用の内訳】

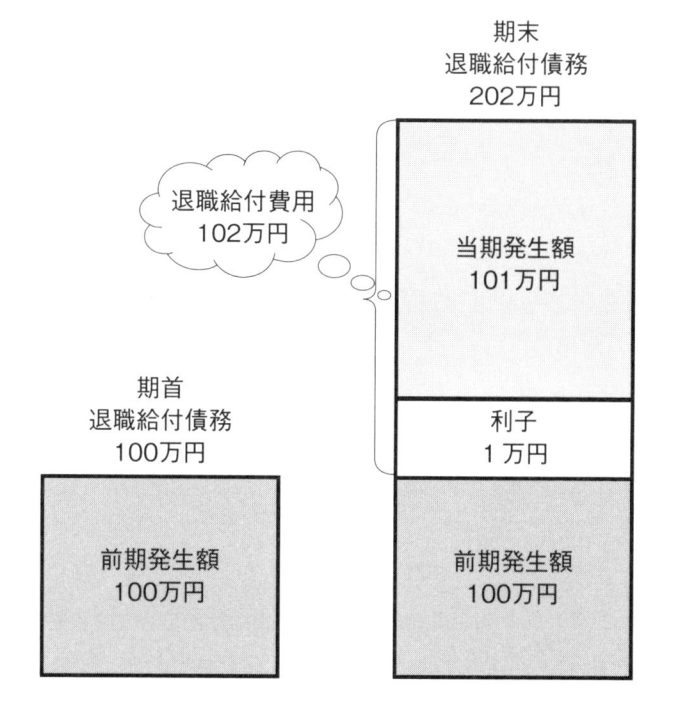

期末
退職給付債務
202万円

退職給付費用
102万円

当期発生額
101万円

利子
1万円

期首
退職給付債務
100万円

前期発生額
100万円

前期発生額
100万円

■定義（勤務費用と利息費用）■

　退職給付債務は，退職給付見込額のうち，当期までに発生している部分を割引計算することにより求められます。

　勤務費用は，退職給付債務の増加部分から利息費用を除いた額です。

　利息費用は，期首から期末までの時の経過に伴い発生する利息金額をいいます。年間の利息費用は，期首の退職給付債務に割引率を乗じることによって算出されます。

■退職給付費用の内訳■

　3-10の設例で算出された退職給付費用の内訳を見てみましょう。

①期首の退職給付債務：100万円
②期末の退職給付債務：202万円
③退職給付費用：②-①＝202万円－100万円＝102万円
④割引率：1.0％
⑤利息費用：①×④＝100万円×1.0％＝1万円
⑥勤務費用：③-⑤＝102万円－1万円＝101万円

3-12 年金資産
年金資産の概要

> 年金資産は，公正な評価額により測定されます。

図1 ■年金資産の積立て■

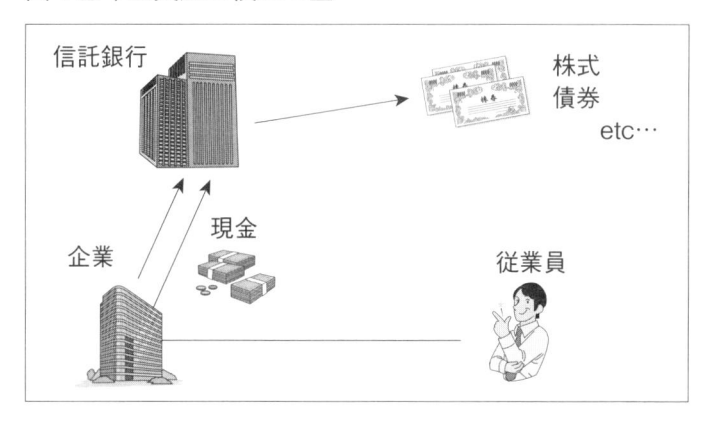

図2 ■年金資産からの退職金支払い■

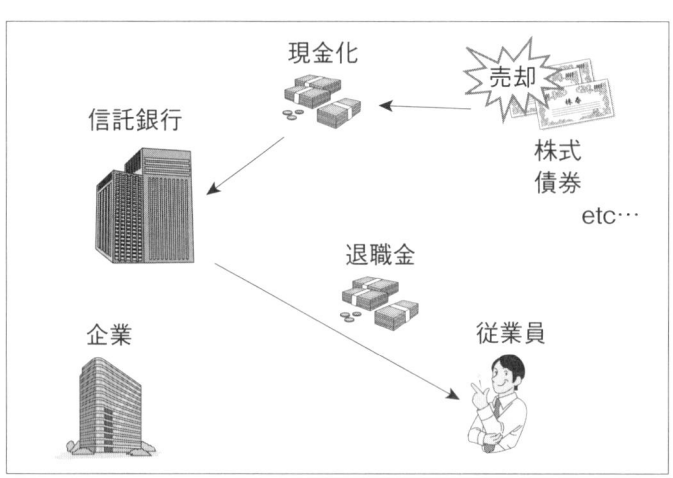

■年金資産の概要■

年金資産とは，従業員に対する将来の退職給付に充てるために**社外に積み立てられる資産**をいいます。年金資産を増やすために，株式や債券等の形で所有されます。

■年金資産の会計上の取扱い■

年金資産は，退職給付引当金の計算上，退職給付債務から控除する項目として取り扱われます。そのため，**マイナスの退職給付引当金**ともいえます。

■年金資産の時価評価■

年金資産の額は期末における公正な評価額により測定されます。毎期末，時価に置き直されることになります。

■年金資産の積立てのフロー（図1参照）■

① 会社や従業員から信託銀行等へ現金が支払われます（掛金の拠出）
② 信託銀行等は，受領した現金等を株式や債券等で運用します。

■年金資産からの退職金支払いのフロー（図2参照）■

① 信託銀行等は，その運用として，国債や株式等を売却（現金化）します。
② 信託銀行等は，退職した従業員に退職給付（退職一時金，年金など）を支払います。

3-13 期待運用収益率
期待運用収益とその予想収益率

☞ 期待運用収益とその基礎となる予想収益率は，マイナスの退職給付費用を構成します。

図1 ■期待運用収益率■

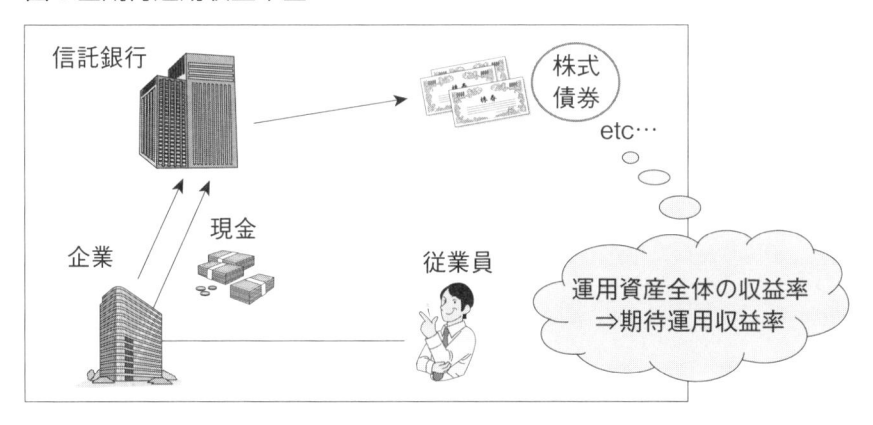

信託銀行
株式
債券
etc…
企業
現金
従業員
運用資産全体の収益率
⇒期待運用収益率

図2 ■実際運用収益率と期待運用収益率の関係■

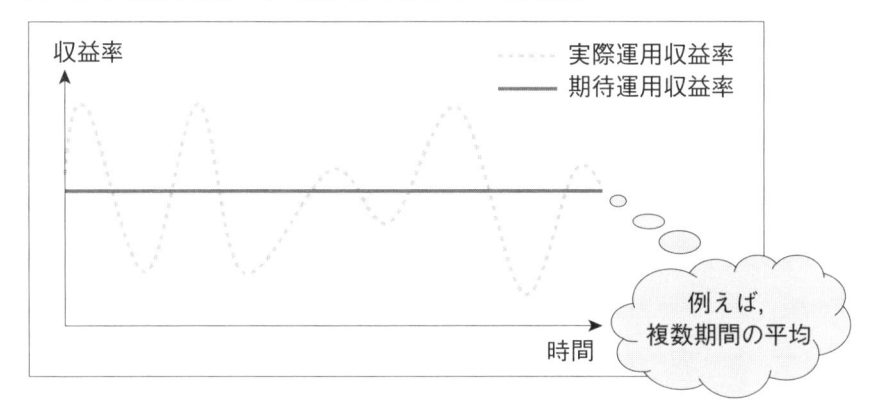

収益率
実際運用収益率
期待運用収益率
時間
例えば，複数期間の平均

■期待運用収益率の概要■

　期待運用収益率とは，年金資産を運用することにより得られる収益の予想金額である期待運用収益を計算するために使用されるもので，各事業年度において，期首の年金資産額について合理的に予想される収益率をいいます。

　なお，改正退職給付会計基準においては，一部変更があります。7－1を参照してください。

■期待運用収益率の設定■

　期待運用収益率は，年金資産のポートフォリオや過去の運用実績，運用方針や市場動向を加味して決定されます。過去の運用実績に関しては，長期的な要素を盛り込むため，比較的長めの実績を利用することが一般的です。

■期待運用収益率の設定における考え方■

　通常，年金資産は，退職給付の支払に充てるために運用されているため，その運用期間は長期にわたります。

　そのため，期待運用収益率を設定するにあたっては，長期間運用した場合には，どの程度の収益率を上げることができるのかについて検討しなければなりません。

　たとえば，図2のように，過去数年間（たとえば5年以上）の実際運用収益率の平均を，期待運用収益率として設定する方法等が考えられます。

3-14 数理計算上の差異
数理計算上の差異と遅延認識

> 数理計算上の差異については，遅延認識（未認識）が容認されています。
> 「未認識」とは，まだ会計処理していない，という意味です。

【数理差異の発生と遅延認識】

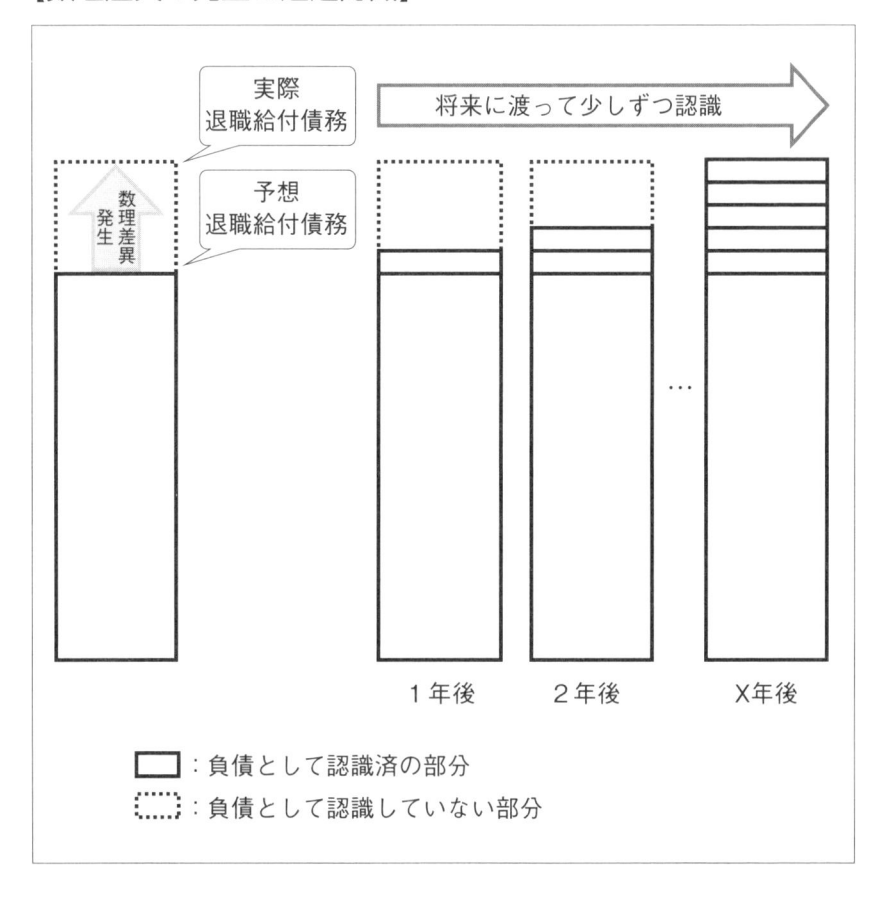

実際退職給付債務

将来に渡って少しずつ認識

予想退職給付債務

数理差異発生

1年後　　2年後　　X年後

□：負債として認識済の部分
┆┆：負債として認識していない部分

■定　義■

　数理計算上の差異とは，退職給付債務を計算する際にあらかじめ定めた基礎率と各事業年度における実際の数値との差異および基礎率を変更した場合に生じる差異のことをいいます。

■数理計算上の差異の具体例■

　数理計算上の差異の具体例としては，①実績昇給と予定昇給との差異，②実際の退職率と予定退職率との差異，③実際の運用収益率と期待運用収益率との差異，④実際の一時金選択率と予定一時金選択率との差異，⑤期末の割引率と期首の割引率との差異等が考えられます。

　たとえば，予定昇給率が上昇すると退職給付債務は増加します（3－8参照）。つまり，期首の退職給付債務の見積金額よりも，退職給付債務の実績金額のほうが大きくなり，両者に差額が生じることとなります。この差額を，数理計算上の差異といいます。

■遅延認識と未認識数理計算上の差異■

　上記のようにして発生した数理計算上の差異は，発生した期に一時に負債として認識（費用処理）せず，将来にわたって少しずつ負債として認識（費用処理）することが認められています（発生した期の翌期からの償却も認められています）。これを**遅延認識**といいます。

　数理計算上の差異が発生したとしても，長期的にみれば，損失方向の数理計算上の差異と利益方向の数理計算上の差異が相殺されると考えられるため，このように遅延認識することが認められています。

　数理計算上の差異のうち，まだ費用処理されていないものを**未認識数理計算上の差異**といいます。

　なお，改正退職給付会計基準においては，連結決算において未認識項目が認識されます。7－2を参照してください。

3-15 数理計算上の差異の費用処理
平均残存勤務期間内における償却

☞ 費用処理年数はむやみに変更することはできません。

【平均残存勤務期間の計算表（脱退残存表）例】

年齢 x	脱退率 qx	退職率 qx(w)	死亡率 qx(d)	残存者数 lx	脱退者数 dx	退職者数 dx(w)	死亡者数 dx(d)	残存勤務期間 S	加入員数 P	S×P
15	0.02589	0.02555	0.00034	1,000,000	25,890	25,550	340	23.5311	35	824
16	0.02785	0.02736	0.00049	974,110	27,129	26,652	477	23.1432	37	856
17	0.02983	0.02919	0.00064	946,981	28,248	27,642	606	22.7919	36	821
18	0.03221	0.03145	0.00076	918,733	29,592	28,894	698	22.4773	71	1,596
19	0.03465	0.03384	0.00081	889,141	30,809	30,089	720	22.2087	77	1,710
20	0.03658	0.03577	0.00081	858,332	31,398	30,703	695	21.9879	99	2,177
21	0.03861	0.03782	0.00079	826,934	31,928	31,275	653	21.8038	101	2,202
22	0.03953	0.03876	0.00077	795,006	31,426	30,814	612	21.6594	103	2,231
23	0.04115	0.04040	0.00075	763,580	31,422	30,849	573	21.5302	100	2,153
24	0.04218	0.04145	0.00073	732,158	30,882	30,348	534	21.4327	102	2,186
25	0.04264	0.04193	0.00071	701,276	29,903	29,405	498	21.3546	103	2,200
26	0.04229	0.04159	0.00070	671,373	28,392	27,922	470	21.2834	107	2,277
27	0.04154	0.04085	0.00069	642,981	26,710	26,266	444	21.2012	105	2,226
28	0.03924	0.03854	0.00070	616,271	24,182	23,751	431	21.0984	109	2,300
…	…	…	…	590,080	21,658	21,232	426	20.9396	125	2,617
…	0.04090	0.04064	0.00026	…	…	…	…	…	…	…
51	0.05028	0.04675	0.00353	326,665	16,425	15,272	1,153	7.2172	150	1,083
52	0.05235	0.04851	0.00384	310,240	16,241	15,050	1,191	6.5729	135	887
53	0.05355	0.04935	0.00420	293,999	15,744	14,509	1,235	5.9083	125	739
54	0.05306	0.04840	0.00466	278,255	14,765	13,468	1,297	5.2143	115	600
55	0.05059	0.04541	0.00518	263,490	13,330	11,965	1,365	4.4785	102	457
56	0.04656	0.04085	0.00571	250,160	11,647	10,219	1,428	3.6905	95	351
57	0.03998	0.03376	0.00622	238,513	9,536	8,052	1,484	2.8463	78	222
58	0.03114	0.02438	0.00676	228,977	7,130	5,582	1,548	1.9440	67	130
59	0.01913	0.01176	0.00737	221,847	4,244	2,609	1,635	0.9904	63	62
60	1.00000	1.00000	0.00000	217,603	217,603	217,603	0	0.0000	0	0
									5,000	72,500

平均残存勤務期間＝72,500/5,000＝14.5年

■未認識数理計算上の差異の費用処理■

　未認識数理計算上の差異は，原則として，各期の発生額を平均残存勤務期間内の一定年数で均等償却することにより費用処理されます。

　なお，未認識数理計算上の差異の償却開始時期は，発生した期の翌期からとすることも認められています。

■平均残存勤務期間の算定方法■

　平均残存勤務期間は，在籍する従業員が期末日から退職するまでの平均勤務期間であり，原則として，退職率と死亡率を加味した年金数理計算上の脱退残存表を用いて算定されます（左頁図参照）。

　平均残存勤務期間は，原則として，毎期末に算定しますが，従業員の退職状況に大きな変化が見られない場合には見直さないことも容認されます。

■未認識数理計算上の差異の費用処理年数の変更■

　未認識数理計算上の差異の費用処理年数は，発生した期の平均残存勤務期間内の一定の年数を継続的に適用する必要があります。

　未認識数理計算上の差異の費用処理年数は，企業の各期の費用処理金額に影響を与えるものであるため，基本的には変更することができません。変更するには合理的な理由が必要となります。

3-16 過去勤務債務
過去勤務債務の概要

> 過去勤務債務にも，遅延認識（未認識）が容認されています。
> 「未認識」とは，まだ会計処理していない，という意味です。

【過去勤務債務の発生（退職金規程改訂に伴い給付水準が増加したケース）】

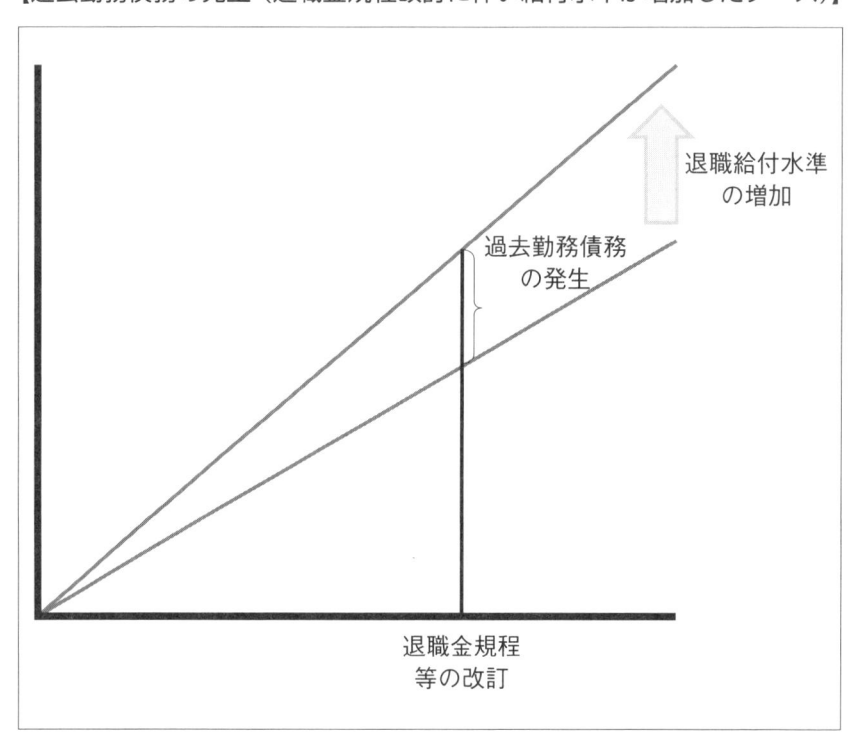

退職給付水準の増加

過去勤務債務の発生

退職金規程等の改訂

■定　義■

過去勤務債務とは，退職金規程等の改訂に伴い退職金の水準が変更された結果生じる，改訂前の退職給付債務と改訂後の退職給付債務の差額をいいます。

■遅延認識と未認識過去勤務債務■

過去勤務債務は，数理計算上の差異と同様，遅延認識が認められています。

過去勤務債務のうち，まだ負債として認識されていない部分のことを**未認識過去勤務債務**といいます。

なお，改正退職給付会計基準においては，連結決算において，未認識項目が認識されます。７－２を参照してください。

■未認識過去勤務債務の費用処理■

未認識過去勤務債務は，原則として，各期の発生額を平均残存勤務期間内の一定年数で均等償却することにより費用処理されます。

なお，未認識数理計算上の差異のように，発生した期の翌期から償却することは認められず，発生した期から償却することとなります。

■未認識過去勤務債務の費用処理年数の変更■

未認識過去勤務債務の費用処理年数は，発生した期の平均残存勤務期間内の一定の年数を継続的に適用する必要があります。

つまり，未認識数理計算上の差異の費用処理と同様，未認識過去勤務債務の費用処理年数は，企業の各期の費用処理金額に影響を与えるものであるため，**基本的に変更することができません**。変更するには合理的な理由が必要となります。

3-17 退職給付債務の合理的補正
退職給付債務の合理的補正方法の概要

☞ 実務では，退職給付債務を計算するにあたり，合理的な補正を行うことが容認されています。

割引率の合理的補正の方法
- 線形補間方式
- 対数補間方式

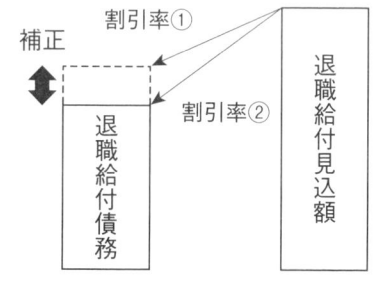

補正 ← 割引率① → 退職給付見込額
退職給付債務 ← 割引率②

貸借対照表日データ

貸借対照表日前のデータを利用した場合の合理的補正の方法
- 第一法
- 第二法

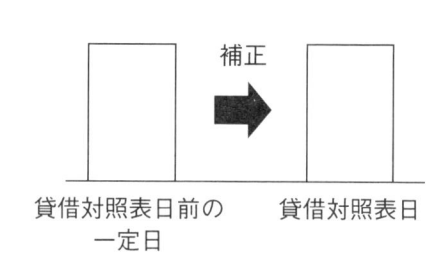

補正 →

貸借対照表日前の一定日　　貸借対照表日

■退職給付債務の計算にあたっての合理的補正とは？■

退職給付債務の計算には，貸借対照表日時点の退職給付見込額と割引計算を行うための割引率が必要です。

このうち，割引率は貸借対照表日時点における安全性の高い長期の債券の利回りを基礎として決定されます（3－4「割引率」参照）。

ただし，貸借対照表日以降でなければ債券の利回りは判明しませんし，退職給付債務等の計算にはデータの確定から計算結果が出るまでに時間を要します。したがって，債券の利回りの確定を待って計算をするのでは決算業務に間に合わないおそれがあります。

このため実務上は，退職給付債務の計算にあたって，貸借対照表日前のデータを使用して計算することが認められ，また割引率についても異なる複数の割引率で退職給付債務等を計算し，その結果を合理的な方法によって補正することにより貸借対照表日時点の割引率に応じた退職給付債務とする方法が認められています。

これらの方法によって計算された退職給付債務を，貸借対照表日時点の数値へと調整するために**合理的補正**を行います。

■割引率の合理的補正方法■

線形補間方式と対数補間方式の2つの方法があります。詳しくは，3－18を参照してください。

■貸借対照表日前のデータを利用した場合の合理的補正方法■

第一法と第二法といわれる2つの方法があります。詳しくは，3－19を参照してください。

3-18 割引率の合理的補正方法
線形補間方式と対数補間方式

☞ 割引率の合理的補正方法には線形補間方式と対数補間方式があります。

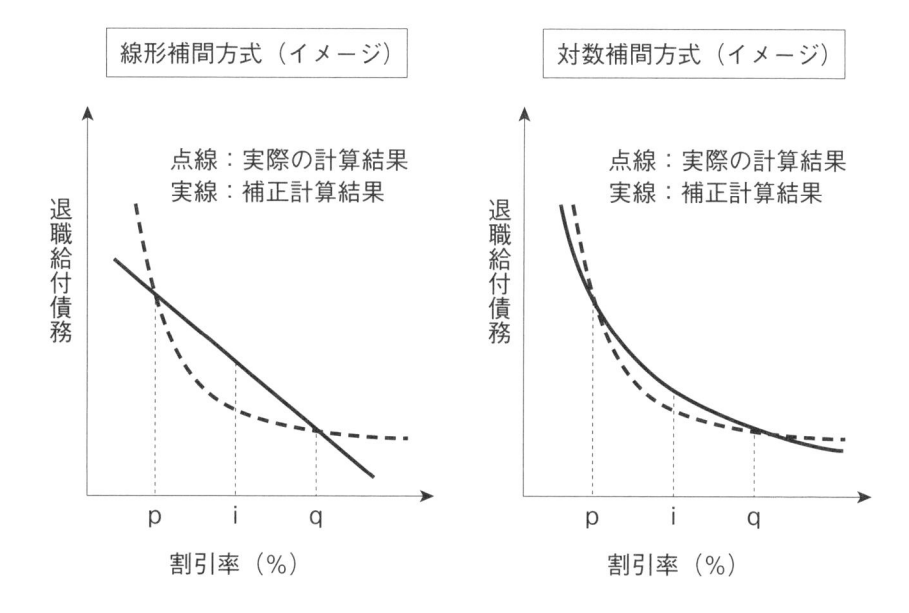

線形補間方式（イメージ）

点線：実際の計算結果
実線：補正計算結果

縦軸：退職給付債務
横軸：割引率（％）
p　i　q

対数補間方式（イメージ）

点線：実際の計算結果
実線：補正計算結果

縦軸：退職給付債務
横軸：割引率（％）
p　i　q

	計算の容易さ	計算の精度
線形補間方式	○	△
対数補間方式	△	○

■線形補間方式と対数補間方式■

割引率に関する合理的な補正の計算方法として、「退職給付会計に係る実務基準」に2つの方式が例示されています。

1つは、複数案の割引率による退職給付債務を直線補間することで、期末の割引率による退職給付債務を算出する**線形補間方式**、もう1つは平均割引期間の概念を用いた近似式を使用して退職給付債務を算出する**対数補間方法**です。

■両方式の特徴■

線形補間方式は、補正計算の精度は対数補間方式に比べて劣りますが簡単に計算することが可能です。

一方、対数補間方式は、対数を用いた補正計算を行うため線形補間方式に比べて計算の精度は高いですが、計算式が複雑で簡単に計算することはできません。

> **One more**
>
> **線形補間方式と対数補間方式の計算式**
> 【前提条件】
> 　割引率をi, p, q%とする
> 　各割引率に対応する退職給付債務を、退職給付債務(i)、退職給付債務(p)、退職給付債務(q)とする
>
> - 線形補間方式
> 退職給付債務(i) = {退職給付債務(q) − 退職給付債務(p)} × (i−p)/(q−p) + 退職給付債務(p)
>
> - 対数補間方式
> 退職給付債務(i) = 退職給付債務(p) × $\{(1+p/100) \div (1+i/100)\}^n$
> 　ただし、n = log{退職給付債務(p) ÷ 退職給付債務(q)} ÷ log{(1+q/100) ÷ (1+p/100)}

3-19 貸借対照表日前のデータ利用の合理的補正方法
貸借対照表日前のデータの2つの補正方法

退職給付債務の算定に貸借対照表日前のデータ等を使う場合，貸借対照表日までの変動を補正する必要があります。両方式とも貸借対照表日前の一定日のデータ等を利用する点は共通ですが，退職給付債務の評価日（評価基準日）を貸借対照表日前の一定日にするか貸借対照表日とするのかという点が異なっています。

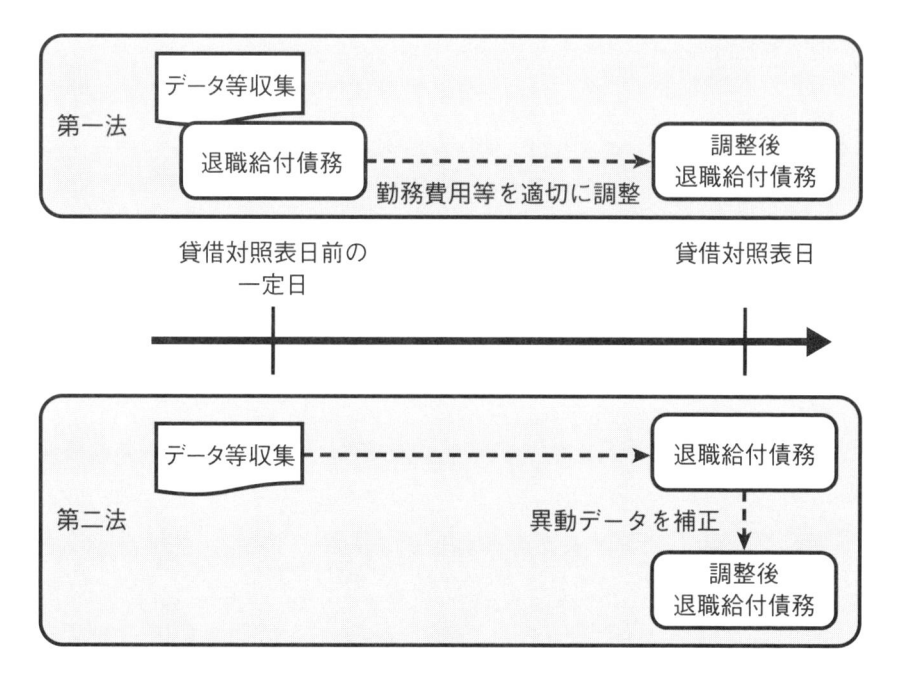

第一法

データ等収集 → 退職給付債務 ……勤務費用等を適切に調整……→ 調整後退職給付債務

貸借対照表日前の一定日 ／ 貸借対照表日

第二法

データ等収集 ……→ 退職給付債務 ↓異動データを補正 → 調整後退職給付債務

	第一法	第二法
データ等基準日	貸借対照表日前	貸借対照表日前
評価基準日	貸借対照表日前	貸借対照表日

■なぜ貸借対照表日前のデータを利用するのか？■

　退職給付債務や勤務費用の計算は，貸借対照表日現在の人員等のデータを利用して算定することが原則です。ただし，データ等の収集には時間を要することから実務上は毎期継続して使用することを前提に，貸借対照表日より以前の一定の基準日を定めて，退職給付債務および勤務費用を計算することが認められています。

■貸借対照表日前のデータを利用する場合の，退職給付債務の算定には2つの方法があります。■

(第一法)：評価基準日のデータ等によって評価基準日の退職給付債務を算定し，評価基準日から貸借対照表日までの期間の勤務費用等を適切に調整して貸借対照表日の退職給付債務等を算定する方法

(第二法)：データ基準日のデータ等によって貸借対照表日の退職給付債務を算定し，データ基準日から貸借対照表日までの期間の退職者等の異動データを用いて補正し，貸借対照表日の退職給付債務等を算定する方法

　ただし，これらの方法は実務上認められている簡便法であるため，データ等の基準日から貸借対照表日までに基準率およびデータ等に重要な変動があった場合は，合理的な調整を行い，退職給付債務を計算し直さなければなりません。

▍**One more** ▶
どのくらい前のデータを使うか？
　基準日の設定について，貸借対照表日が原則であることから，基準日と貸借対照表日はあまり離れていないことが望ましく，実務上は3カ月ほど前のデータを利用する会社が多いようです。

3-20 制度移行
確定給付型へ，または，確定拠出型への制度移行

☞ 制度移行には大きく2つの種類があり，それぞれで会計処理が異なります。

【制度移行の種類と会計処理】

確定給付型 ⇒ 確定給付型

終了の会計処理は適用しない

- 退職給付債務が変動した場合は過去勤務債務として処理
- 未認識項目の未処理額は従前の処理を継続

確定給付型 ⇒ 確定拠出型

終了の会計処理を適用

- 退職給付債務の認識の終了
- 未認識項目の未処理額は一時に費用処理

■制度移行の種類■

退職給付制度間の移行には，①確定給付型の退職給付制度から他の確定給付型の退職給付制度への移行や，②確定給付型の退職給付制度から確定拠出年金制度への移行があります。

■制度移行の会計処理■

制度移行に関する会計処理は，**退職給付債務の増減額**（①）と**退職給付制度の終了**（②）に分けられます。

確定給付型から確定給付型に移行した場合は退職給付債務の増減（①）に，確定給付型から確定拠出型に移行した場合は退職給付制度の終了（②，支払を伴って退職給付債務が減少するケース）となります。

＜①の場合＞

未認識過去勤務債務，未認識数理計算上の差異および会計基準変更時差異の未処理額については，従前の費用処理方法を継続して適用します。

また，移行前の制度と移行後の制度で，通常は退職給付債務が変動しますが，この変動額は過去勤務債務の発生として処理します。

＜②の場合＞

未認識過去勤務債務，未認識数理計算上の差異および会計基準変更時差異の未処理額については，移行時の損益として認識します。

また，移行前の制度と移行後の制度で，通常は退職給付債務が変動（減少）しますが，この変動額と支払額との差額を移行時の損益として認識します。

現場から見た退職給付会計

未認識項目編

　数理計算上の差異は，毎年発生します。退職金規程等を変更すれば過去勤務債務も発生します。

　数理計算上の差異を，たとえば15年で償却すると，発生年度で区分すれば15種類の数理計算上の差異が存在することになります。

　過去勤務債務の償却年数は異なる場合もあります。

　ということは，発生年度別，償却年数別の管理台帳を適切に作成しておかないと，未認識項目の「あるべき残」がわからなくなってしまう，ということです。

　未認識項目は，すぐには会計処理されないものの多額になりやすく，また，注記対象にはなるため，現場サイドからすると非常にやっかいな性質です。さらに，来期以降の利益計画にも大きく影響することもあるので，経営者にとってもやっかいな性質かもしれません。

　未認識項目については，適切な管理台帳の整備が必要なのです。

　なお，改正退職給付会計基準において，変更がなされています（P.148参照）。

第 4 章 退職給付会計の具体的会計処理

この章では，退職給付会計の具体的な会計処理（仕訳含む）について，貸借対照表のイメージを利用しながら説明します。

退職給付会計は，貸借対照表のイメージで考えると理解が早まります。

4-1 退職給付会計の全体像
貸借対照表のイメージによる全体像

☞ 第4章では第3章で学んだ退職給付債務等の各構成要素が、どのように会計的に処理されるか、貸借対照表のイメージで解説します。

【退職給付会計の全体像】

> 退職給付引当金
> 　　　＝退職給付債務±未認識項目－年金資産

退職給付引当金

年金資産 （期待運用収益）	退職給付債務 （勤務費用 利息費用）
未認識差異 　数理計算上の差異 　過去勤務債務 （数理計算上の差異の 　費用処理額 　過去勤務債務の 　費用処理額）	
退職給付引当金 ⤵	未認識差異 　数理計算上の差異 　過去勤務債務

■全体像■

退職給付債務に未認識過去勤務債務および未認識数理計算上の差異を加減した額から年金資産の額を控除した額を退職給付に係る負債として計上します。

貸借対照表において退職給付に係る負債を計上する場合、当該負債は原則として「**退職給付引当金**」の科目を用いて計上します。

なお、改正退職給付会計基準については、7-2を参照してください。

■概　要■

左の図を見てわかるように最終的に財務諸表に計上される退職給付引当金は、退職給付債務そのものではなく、各種構成要素を合算した差額として算出されます。

ここで理解していただきたいことはひとつです。

「**退職給付引当金は、各種構成要素の合算した残り（差額）として算出される**」とういことです。

次ページ以降においては、この貸借対照表のイメージを利用して、「退職給付引当金にどのような影響を及ぼすのか」という観点から、適宜仕訳を交えて解説します。

> **One more**
>
> 各種構成要素を合算した差額が資産側（借方残）に残った場合、つまり退職給付引当金がマイナスになった場合の計上科目は、「前払年金費用」となります。

4−2 退職給付の支払①
退職金の支払に関する会計処理

☞ 会社が従業員に対して，退職金を支払った場合，退職給付引当金は減少します。

【会社からの退職金の支払】

退職金支払前：

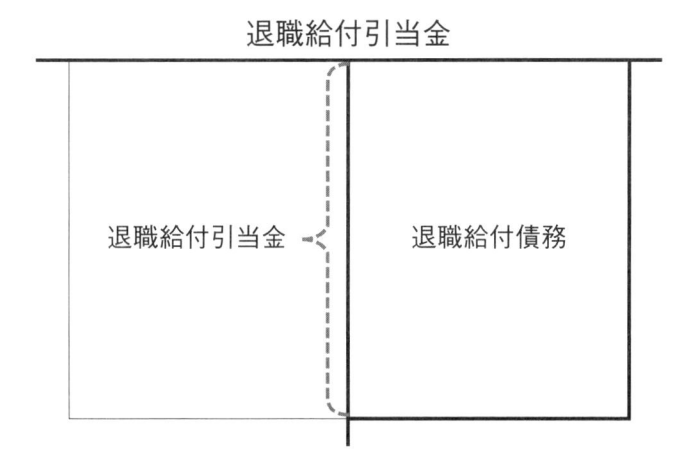

退職給付引当金

| 退職給付引当金 | 退職給付債務 |

　退職金を支払う前の段階で，図のように，退職給付債務と同額の退職給付引当金が計上されているものとします。この状態から，企業は退職金を支払います。
　すると…

第4章　退職給付会計の具体的会計処理　101

↓

　企業が退職金を支払った分，退職給付債務が減少します。同時に，退職給付引当金も同額減少します。

　仕訳は，

（退職給付引当金）／（現金預金）

となります。

退職金支払後：

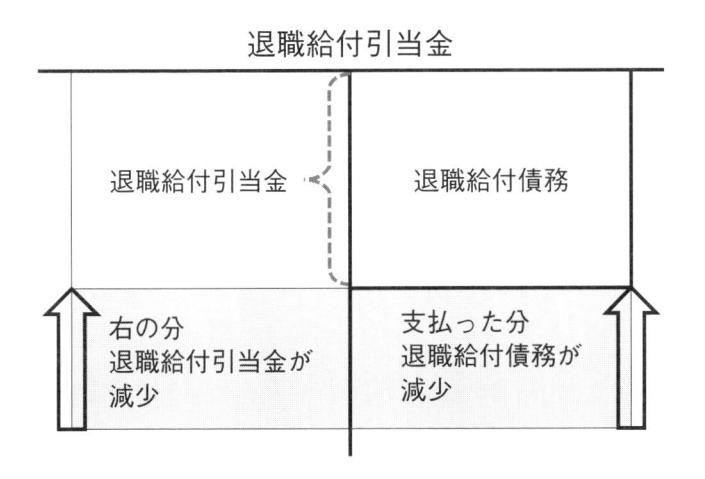

退職給付引当金

| 退職給付引当金 | 退職給付債務 |

右の分
退職給付引当金が
減少

支払った分
退職給付債務が
減少

計算式のイメージ：
退職給付引当金↓＝退職給付債務↓±未認識項目－年金資産

4−3 退職給付の支払②
年金の支払に関する会計処理

☞ 年金資産から従業員（退職者）に対して，年金を支払った場合は，退職給付引当金の増減はありません。

【年金資産からの年金の支払】

年金支払前：

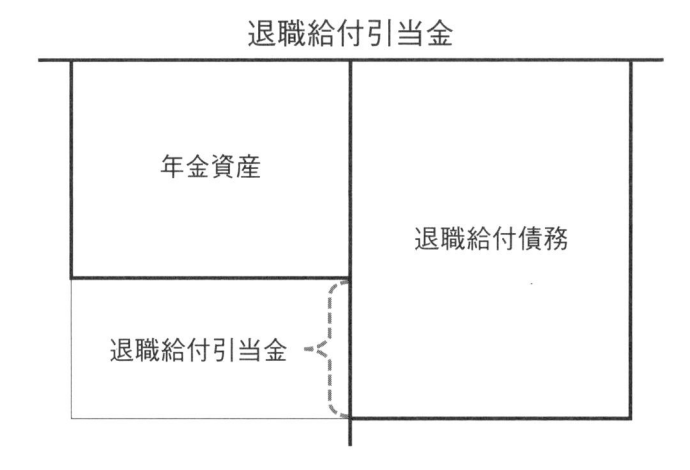

退職給付引当金

| 年金資産 | 退職給付債務 |
| 退職給付引当金 | |

　年金を支払う前では，図のような状態とします。この年金資産から，従業員（退職者）に年金を支払います。
　すると…

年金を支払うことにより、退職給付債務が減少します。と同時に、年金資産（マイナスの退職給付引当金）が同額減少します。

仕訳は，

（退職給付引当金）／（退職給付引当金）

となり，結果として仕訳を起こす必要はありません。

年金支払後：

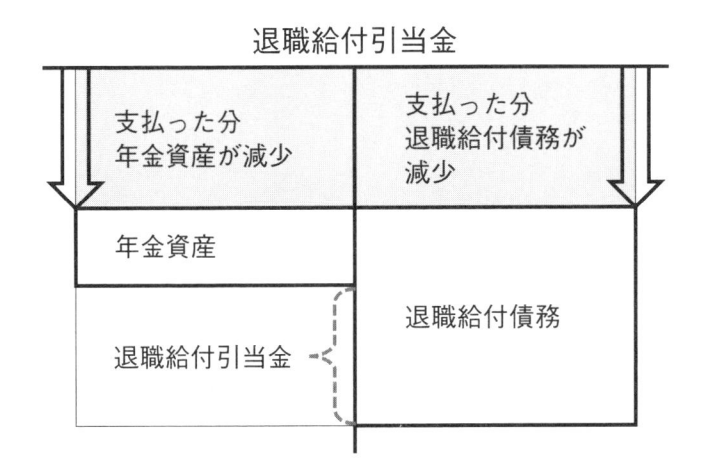

退職給付引当金

支払った分 年金資産が減少	支払った分 退職給付債務が 減少
年金資産	退職給付債務
退職給付引当金	

計算式のイメージ：
退職給付引当金(変化なし)＝退職給付債務↓±未認識項目－年金資産↓

4-4 年金掛金の拠出
年金掛金拠出の会計処理

☞ 企業から年金基金等へ掛金を拠出すると，年金資産が増加し，同額退職給付引当金は減少します。

【企業年金基金への年金掛金の拠出】

掛金拠出前：

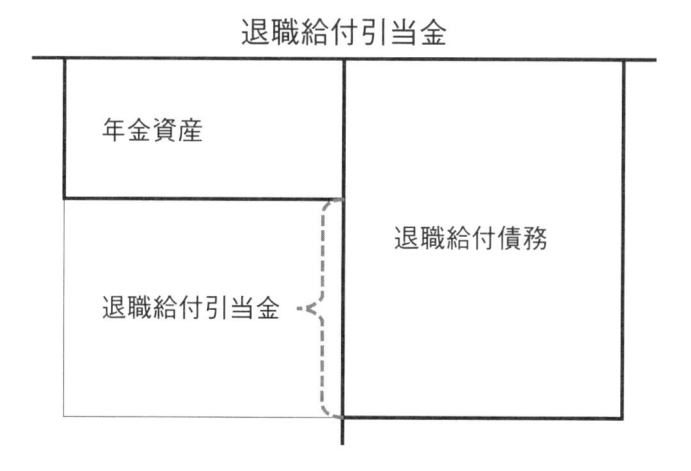

退職給付引当金

年金資産	
退職給付引当金	退職給付債務

　掛金を拠出する前の状態が，図のような状態とします。このような年金資産に追加すべく，企業が掛金を拠出します。
　すると…

第4章 退職給付会計の具体的会計処理　105

　企業が掛金を拠出すると，年金資産が増加します。年金資産が増加するということは，退職給付債務から控除するものが増加するということになり，退職給付引当金が減少します。

　仕訳は，

　　（退職給付引当金）／（現金預金）

となります。

掛金拠出後：

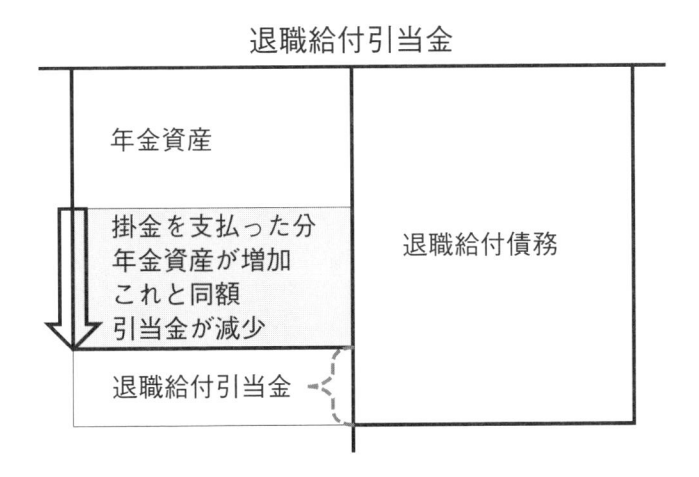

退職給付引当金

年金資産	
掛金を支払った分 年金資産が増加 これと同額 引当金が減少	退職給付債務
退職給付引当金	

計算式のイメージ：
退職給付引当金↓＝退職給付債務±未認識項目－年金資産↑

4-5 勤務費用の発生
勤務費用が発生した際の会計処理

> 勤務費用が発生した場合，退職給付費用が増加し，あわせて，退職給付引当金も増加します。

【勤務費用の発生】

勤務費用発生前：

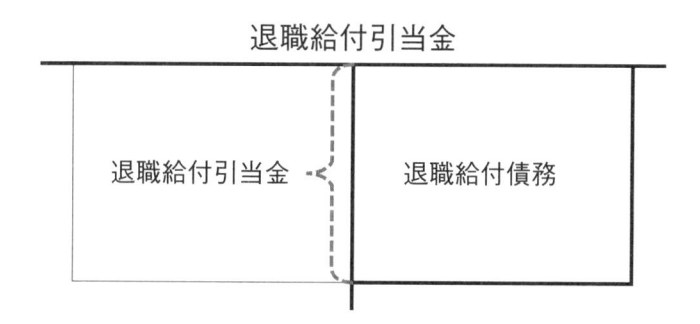

退職給付引当金

| 退職給付引当金 | 退職給付債務 |

勤務費用が発生する前の状態が，図のような状態とします。勤務費用が徐々に発生します。勤務費用の発生とともに，退職給付債務も増加します。

すると…

勤務費用が発生するとともに，退職給付債務も増加します。仕訳は，

（退職給付費用）／（退職給付引当金）

となります。損益に影響を与える仕訳となります。

勤務費用発生後：

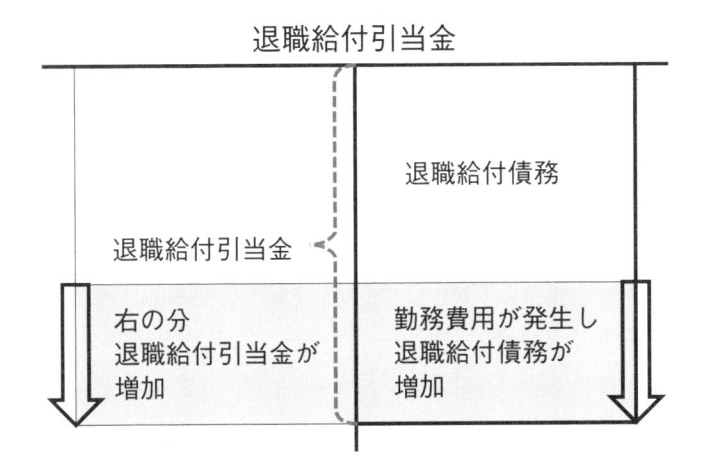

退職給付引当金

退職給付引当金	退職給付債務
右の分 退職給付引当金が 増加	勤務費用が発生し 退職給付債務が 増加

計算式のイメージ：
退職給付引当金↑＝退職給付債務↑±未認識項目－年金資産

4-6 利息費用の発生
利息費用が発生した際の会計処理

☞ 利息費用が発生した場合，退職給付費用が増加し，あわせて，退職給付引当金も増加します。

【利息費用の発生】

利息費用発生前：

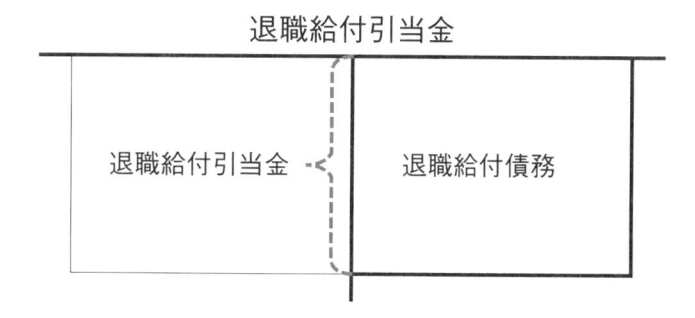

```
          退職給付引当金
┌──────────────┬──────────────┐
│              ┊              │
│  退職給付引当金 ┊  退職給付債務  │
│              ┊              │
└──────────────┴──────────────┘
```

　利息費用が発生する前の状態が，図のような状態とします。利息費用が時間の経過とともに徐々に発生します。
　すると…

第4章 退職給付会計の具体的会計処理　109

⬇

　利息費用は退職給付債務に係る利息です。その利息費用が発生すると退職給付費用が発生するとともに，退職給付債務が増加します。
　仕訳は，

（退職給付費用）／（退職給付引当金）

利息費用発生後：

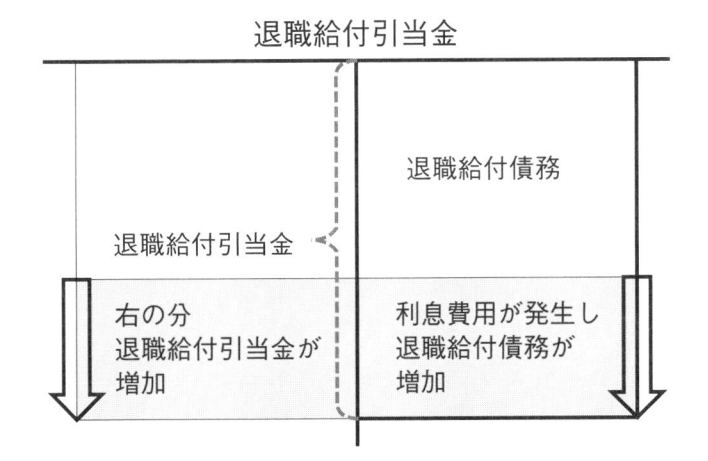

退職給付引当金

| 退職給付引当金 | 退職給付債務 |

右の分
退職給付引当金が
増加

利息費用が発生し
退職給付債務が
増加

計算式のイメージ：
退職給付引当金↑＝退職給付債務↑±未認識項目－年金資産

分かりやすい!!

4-7 期待運用収益の発生
期待運用収益が発生した際の会計処理

> 期待運用収益が発生すると年金資産が増加し、同額の退職給付引当金が減少します。

【期待運用収益の発生】

期待運用収益発生前:

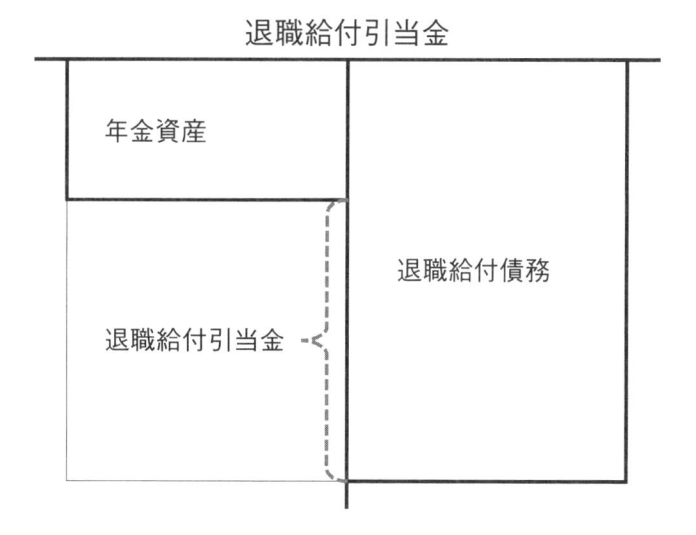

退職給付引当金

年金資産	
退職給付引当金	退職給付債務

期待運用収益が発生する前の状態が、図のような状態とします。期待運用収益が発生すると、マイナスの退職給付費用が生じます。
　すると…

第4章 退職給付会計の具体的会計処理　111

↓

　期待運用収益が発生すると，年金資産が増加し，退職給付債務から控除する項目が増加するため退職給付引当金は減少します。

　仕訳は，

（退職給付引当金）／（退職給付費用）

となります。

期待運用収益発生後：

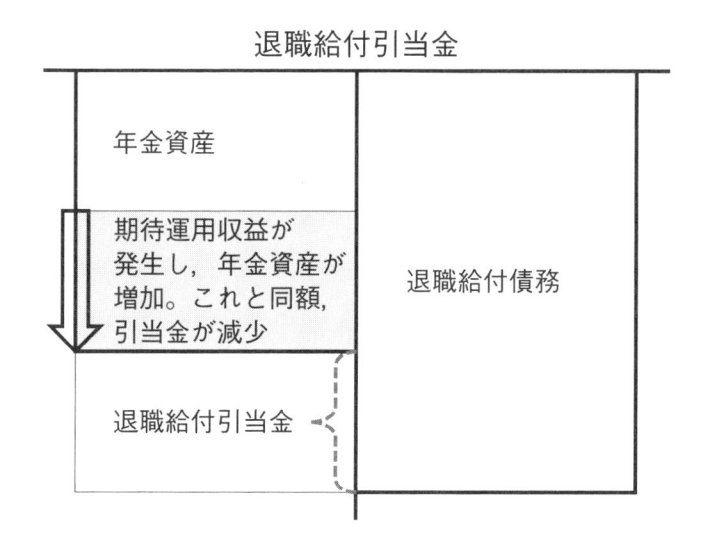

退職給付引当金

年金資産	退職給付債務
期待運用収益が発生し，年金資産が増加。これと同額，引当金が減少	
退職給付引当金	

計算式のイメージ：
退職給付引当金↓＝退職給付債務±未認識項目－年金資産↑

4-8 差異の発生（未認識処理）
未認識差異が発生した際の会計処理

> 数理計算上の差異等が，未認識差異として処理される場合には，会計処理はなされません。未認識とは，まだ会計処理されていない，という意味です。

【差異の未認識処理】

例として，退職給付債務を増加させる数理計算上の差異が発生したとします。

数理計算上の差異発生前：

退職給付引当金

年金資産	
退職給付引当金	退職給付債務

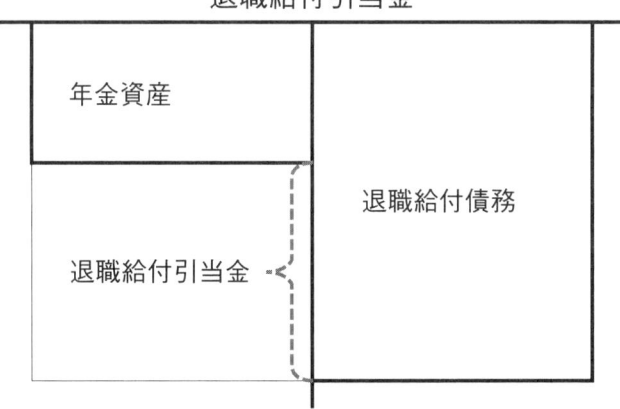

図のような状態から，未認識数理計算上の差異が発生します。
すると…

> 計算式のイメージ：
> 退職給付引当金（変化なし）＝退職給付債務↑－未認識項目↑－年金資産

数理計算上の差異が発生した分退職給付債務が増加します。同時に，未認識数理計算上の差異も発生します。未認識とは，まさに，まだ会計処理されていない状態なので，退職給付引当金の増減はありません。

仕訳：なし

数理計算上の差異，過去勤務債務については，遅延認識が認められています。特に，数理計算上の差異は，その発生の期の翌期からの償却が可能です。

なお，改正退職給付会計基準においては，連結決算のみですが発生時に認識されます。7－2を参照してください。

数理計算上の差異発生後：

退職給付引当金

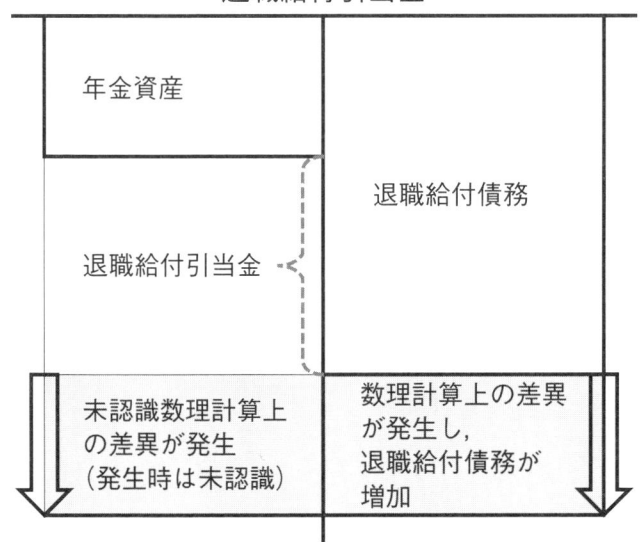

年金資産	退職給付債務
退職給付引当金	
未認識数理計算上の差異が発生（発生時は未認識）	数理計算上の差異が発生し，退職給付債務が増加

4-9 未認識項目の償却
未認識項目の償却に関する会計処理

☞ 未認識項目を認識し償却すると退職給付費用が発生し，同額の退職給付引当金が増加（または減少）します。
償却とは規則的に費用化するという意味です。

【未認識差異の償却】

未認識項目の償却前：

退職給付引当金

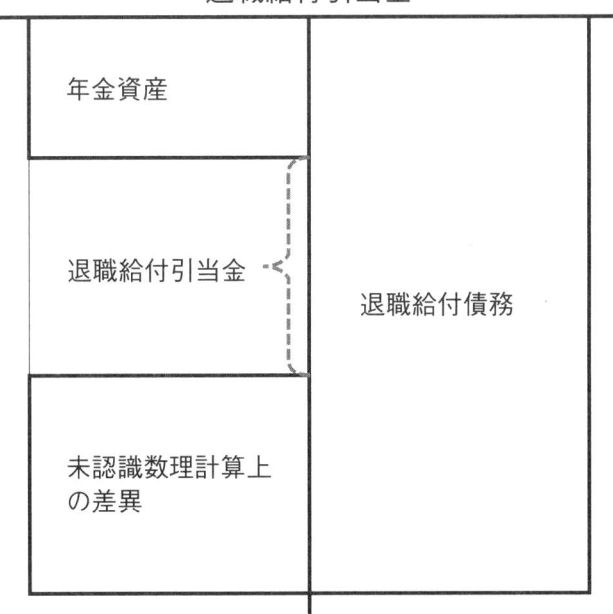

年金資産	
退職給付引当金	退職給付債務
未認識数理計算上の差異	

　未認識項目の償却前の状態が上図のような状態とします。退職給付債務を増加させる未認識数理計算上の差異が存在します。

第4章 退職給付会計の具体的会計処理　115

このうち，一部を償却します。
すると…

⬇

未認識項目が減少し，その分，退職給付費用と退職給付引当金が増加します。

仕訳は，

（退職給付費用）／（退職給付引当金）

となります。

未認識項目の一部償却後：

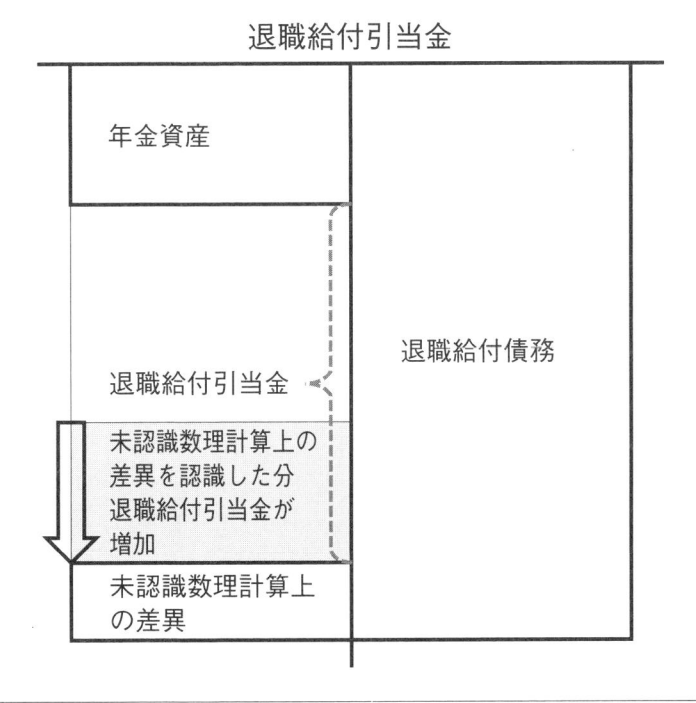

退職給付引当金

- 年金資産
- 退職給付引当金
- 未認識数理計算上の差異を認識した分退職給付引当金が増加
- 未認識数理計算上の差異
- 退職給付債務

計算式のイメージ：
退職給付引当金↑＝退職給付債務－未認識項目↓－年金資産

4-10 制度移行①
確定給付型から他の確定給付型に移行する場合の会計処理

> 確定給付型の退職給付制度から他の確定給付型の退職給付制度に移行する場合は，未認識項目の遅延認識は継続します（3-19参照）。

【確定給付型から確定給付型への移行】

移行前：

退職給付引当金

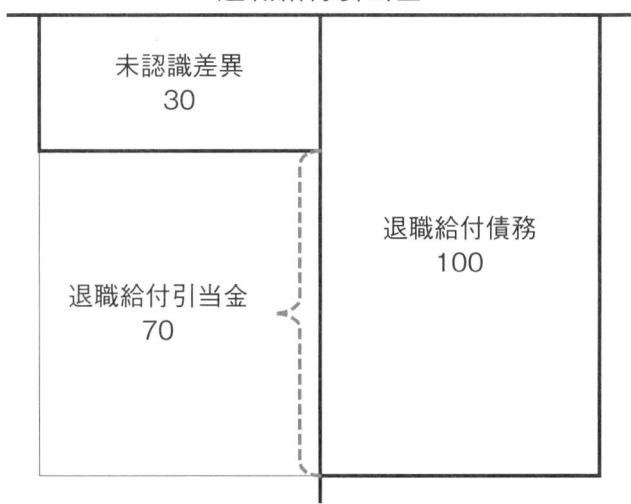

未認識差異 30	
退職給付引当金 70	退職給付債務 100

　移行前の状態です。現在は，退職一時金制度のみですが，このうち半分を確定拠出年金に移行するものとします。その際，過去勤務債務が10生じたとします。また，数理計算上の差異および過去勤務債務は遅延認識するものとします。

第4章 退職給付会計の具体的会計処理　117

↓

　半分移行したことにより，退職給付債務と未認識項目は一時金制度と年金制度に分けられることになりますが，退職給付引当金に増減はありません。過去勤務債務については，遅延認識処理であれば，将来的には会計処理に影響しますが，移行時には仕訳は必要ありません。
　なお，管理上，各金額を把握しておく必要があります。

移行後：

退職給付引当金

未認識差異 一時金　15 年金　15	退職給付債務 一時金　50
退職給付引当金 70	年金　50
移行による 未認識過去勤務債務 年金　10	過去勤務債務が発生 退職給付債務が増加 年金　10

計算式のイメージ：
退職給付引当金（変化なし）＝退職給付債務↑－未認識項目↓－年金資産

4-11 制度移行②
確定給付型から確定拠出型へ移行する場合の会計処理

☞ 確定給付型の退職給付制度から確定拠出年金制度に移行する際には終了損益が発生します（3-20参照）。

【確定給付型から確定拠出型への移行】

移行前：

退職給付引当金

未認識差異 30	
退職給付引当金 70	退職給付債務 100

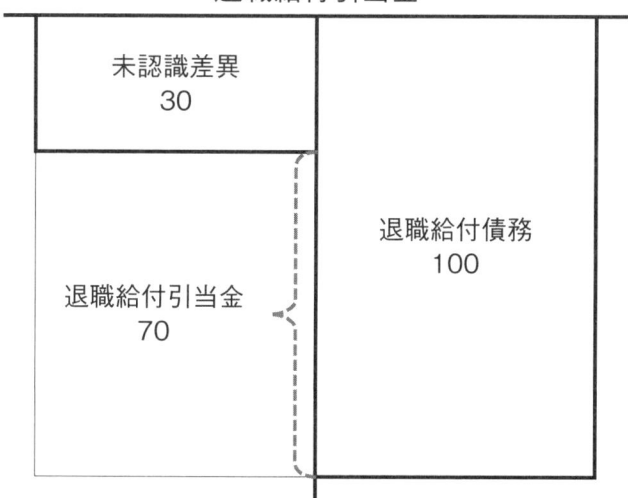

図のような状態から，半分を確定拠出型年金に移行するものとします。その際，移行部分50に対応する支払が40生じるものとします。

⬇

第4章 退職給付会計の具体的会計処理　119

　半分移行したことにより，退職給付債務が50減少し，未認識項目も15減少し，終了損益を構成します。また，支払が40生じているので，こちらも終了損益を構成します。

　仕訳は，

（退職給付引当金）35／（終了損益）35

（終了損益）40／（現金預金）40

となります。

移行後：

退職給付引当金

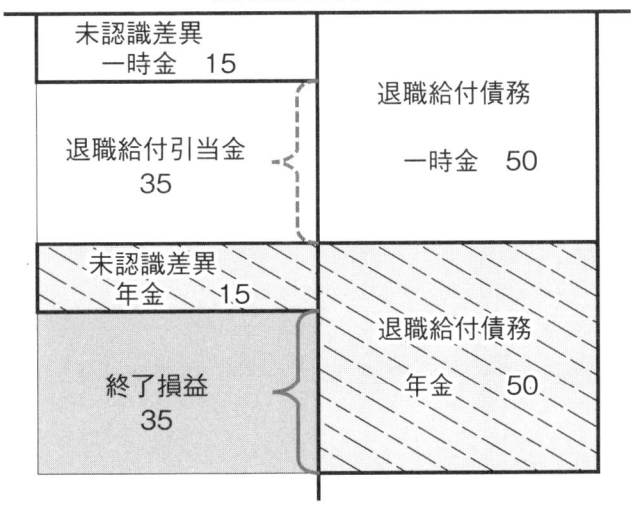

未認識差異 一時金　15	退職給付債務 一時金　50
退職給付引当金 35	
未認識差異 年金　15	退職給付債務 年金　50
終了損益 35	

計算式のイメージ：
退職給付引当金↓＝退職給付債務↓－未認識項目↓－年金資産

4-12 会計処理の実務手順
退職給付会計の3ステップ手順の詳細

☞ 退職給付会計には予測に基づく仕訳があります（1-4参照）。

【会計処理の流れ】

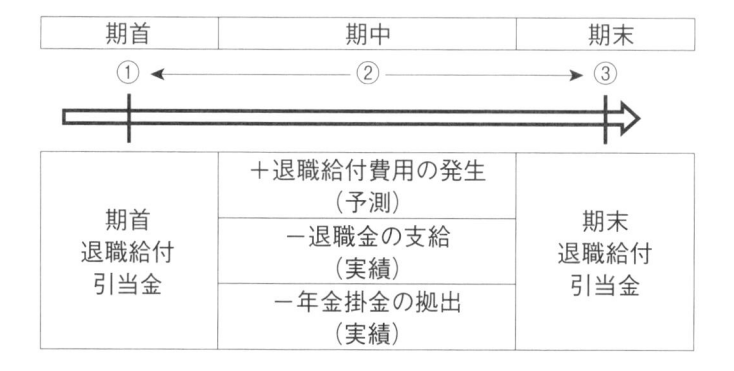

	期首	期中	期末
	①	②	③
期首退職給付引当金	＋退職給付費用の発生（予測）		期末退職給付引当金
	－退職金の支給（実績）		
	－年金掛金の拠出（実績）		

　期首退職給付引当金

＋退職給付費用（予測）

－（退職金支給《実績》　＋　掛金拠出《実績》）

＝期末退職金給付引当金
　　↓
　　再計算
　　↓
　　未認識（数理計算上の差異，過去勤務債務）

① 期　首

　期首における退職給付債務の計算を行います。退職給付債務の計算は，諸データおよび諸基礎率に基づき，また合理的補正等に基づき行われます。同時に当期における退職給付費用の計算も行われます。退職給付費用は，期首において当期分を予測することになります。

② 期　中

　期中においては，①で計算した退職給付費用（予測値）の計上を行います。退職給付費用には，勤務費用，利息費用，△期待運用収益などが含まれます。

　仕訳：

（退職給付費用）／（退職給付引当金）

　また，退職金の支給や年金掛金の拠出が行われた場合には，それぞれ実績金額に基づき，会計処理することになります。

　仕訳：

（退職給付引当金）／（現金預金）

③ 期　末

　期末においては，期末（＝翌期首）における退職給付債務を計算し直すことになります。計算し直された結果，予測要素との乖離が把握されることになります。これが，数理計算上の差異です。

　この数理計算上の差異は，通常は遅延認識され，翌期の退職給付費用を構成することになります（翌期の②の退職給付費用を構成します）。

　数理計算上の差異は，その発生年度ごとに金額を管理することが必要となります。

COFFEE BREAK

数理計算上の差異および過去勤務債務の処理

　退職給付会計には,「遅延認識」という概念があります。

　数理計算上の差異および過去勤務債務については,その発生時に費用処理する方法もありますが,遅延認識も認められています。

　遅延認識とは,長期間にわたって,費用処理することを意味します。

　数理計算上の差異については,長期的にはプラスの差異とマイナスの差異が相殺されてくるので長期にわたる償却が望ましいという考え方に基づくものです。

　しかし,傾向として相殺というよりは簿外負債が累積する実態が多く,未認識項目の認識という新基準に展開していくことになります。

　過去勤務債務については,退職金規程等の見直しの効果が長期にわたって影響するので長期にわたる償却が望ましいという考え方に基づくものです。

　しかし,効果が長期に及ぶという点に対する疑問と簿外債務の観点から,未認識項目の認識という新基準に展開していくことになります。

（吹き出し）改正基準は第7章だよ！

第5章 退職給付会計の簡便法

この章では，退職給付会計における簡便法について説明します。

原則法とは異なる計算式で説明しています。この計算式で考えると理解が早まります。

> 簡便法は
> 原則法と
> どう違うのかな？

5-1 簡便法の概要
小規模企業等の簡便法

☞ 小規模企業等においては，原則法ではなく，簡便法の適用が可能です。

原則法と簡便法

原則法
- 専門家による年金数理計算が必要
- 計算法が複雑

↓ 一定の条件を満たすと…

簡便法
- 専門家の関与が必須ではない
- 計算方法が簡便

■概　要■

確定給付制度の会計処理には，**原則法**と**簡便法**があります。原則法とは，第4章までで説明した会計処理のことで，原則としてこの方法で行わなければならない会計処理方法のことです。

原則法には，次のような短所があります。

① 退職給付債務の算定に年金数理計算が必要になり，多くの場合専門家の関与が必要となることから，小規模の会社にとってはコスト負担が大きい。

② 遅延認識の概念もあり，期首・期中・期末の3ステップ（4－12）が必要となることから，処理が複雑というデメリットがある。

そのため，一定の条件を満たした小規模な会社には，原則法と比べ簡便的な方法で退職給付債務を算定することができる「**簡便法**」が認められています。

簡便法では，原則法と異なり，まさに処理が簡便であるという利点があります。

One more

IFRSの取扱い

IFRSでは，「簡便法」にあたる会計処理はありません。しかし，IFRSにも重要性の原則はあります（5－2で記載したような重要性基準はありません）。

簡便法の計算方法でIFRSで例示された計算方法の近似値を求めることができる場合で，それを検証することができ，かつ，退職給付引当金の金額的重要性が低い場合は，簡便法で算出した退職給付債務をIFRSで使用することも可能であると考えられています。

5-2 小規模企業等の範囲
簡便法を採用するための重要性基準

☞ 従業員300人未満の「小規模企業等」については，例外はあるものの，簡便法の適用が可能となります。

簡便法採用条件

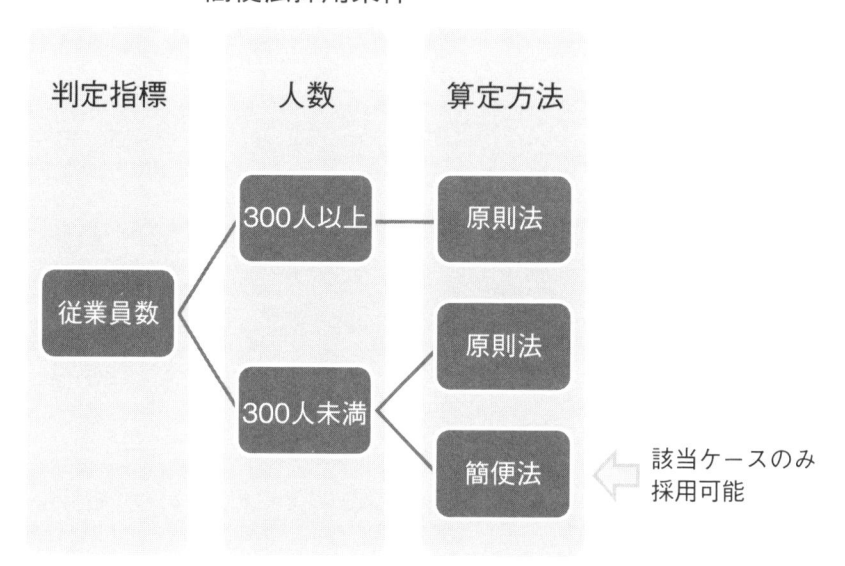

判定指標	人数	算定方法
従業員数	300人以上	原則法
	300人未満	原則法
		簡便法 ← 該当ケースのみ採用可能

■小規模企業等とは■

　簡便法を採用することができる「**小規模企業等**」とは，左記の図に該当する会社のことをいいます。つまり，**原則として従業員が300人未満の会社**に「簡便法」の利用が認められます。

　ここでいう従業員数とは，各退職給付制度の計算対象となる従業員数のことですので，複数の退職給付制度がある場合で，それぞれの制度で加入員が相違する場合には，制度ごとに判定することになります。

　なお，従業員が300人以上であっても，年齢や勤務期間に偏りがあるなどにより，原則法による計算の結果に一定の信頼が得られないと判断される場合にも簡便法の利用が認められますが，一般的にその判断を経理担当者が行うことは困難であるため，年金数理人などの専門家に意見を求めること等が考えられます。

> **One more**
>
> **300人という数値の根拠**
> 　退職率を一定の前提のもとで3年間のサンプルデータの必要数を統計的に検証した結果，1年当たり年齢ごとに7人から8人程度の在籍者がいれば有効性が高いという結果が出ています。
> 　つまり，年齢分布の幅を18歳から60歳までの42年間とみて，各年齢に最低7人から8人程度の分布を想定すると，従業員数が約300人程度の場合にはその数理計算結果に一定水準の信頼性が得られるということになります。そのため，簡便法を適用できる小規模企業を従業員数300人未満の会社としています。

5-3 簡便法の計算方法
簡便法の具体的計算方法

☞ 簡便法の具体的な計算方法は，6通りあります。

退職給付引当金

年金資産の期末日における 公正な評価額	簡便法で計算した 退職給付債務の金額

（下段の差額部分が）退職給付引当金

退職給付費用（期中の支払がないケース）

簡便法で計算した
期首の退職給付引当金 ⇒ 簡便法で計算した
期末の退職給付引当金

差額：退職給付引当金

```
退職給付費用＝期末退職給付引当金－期首退職給付引当金
```

■退職給付引当金・退職給付費用の計算方法■

　簡便法による退職給付引当金の計算方法は，基本的に原則法と同様で，左記の図の通り，「簡便法で計算した退職給付債務」から「年金資産の期末日における公正な評価額」を控除した数値で算出されます。原則法との違いは，退職給付債務の計算の際に，原則法と比較して簡便な算式で計算できる点です。

　そして，退職給付費用は，期中の支払等がない基本的なケースでは，「簡便法で計算した期末の退職給付引当金」から「簡便法で計算した期首の退職給付引当金」の差額で算出されます。

> 簡便法の計算式はこうなる！
> 　退職給付費用　＝　期末退職給付引当金
> 　　　　　　　　　－｛期首退職給付引当金
> 　　　　　　　　　　　－《退職一時金支給額＋年金掛金拠出額》｝

■退職給付債務の計算方法■

　小規模企業等において簡便法を適用する場合，退職給付一時金制度，企業年金制度それぞれに3つずつ，計6つの方法が示されています。また，退職一時金制度の一部を企業年金制度へ移行している退職給付制度設計の場合にも，2つの簡便法の方法が示されています。各企業が実態から合理的と判断される方法を採用することになります。

　なお，いったん選択した方法は，原則法に変更する場合，または，実態が変わり，より合理的な方法に変更する場合を除き，継続適用が必要となります。

5-4 退職一時金制度の簡便法
退職一時金制度における3種類の簡便法

☞ 比較指数方式，係数方式，期末自己都合要支給額方式の3種類があります。

簡便法による退職給付債務の計算方法
(退職一時金制度)

① 比較指数方式
- 期末自己都合要支給額 × 比較指数(*1)

② 係数方式
- 期末自己都合要支給額 × 割引率係数(*2) × 昇給率係数(*2)

③ 期末自己都合要支給額方式
- 自己都合要支給額

⇐ 最も採用される方法

(*1) 退職給付会計基準の適用初年度の期首における原則法による退職給付債務の額と自己都合要支給額との比率
(*2) 平均残存勤務期間に対応する割引率および昇給率の係数

■退職一時金制度の簡便法（退職給付債務の計算方法）■

退職一時金制度の場合には左記の3つの方法が定められています。3つの方法はいずれも「期末自己都合要支給額」をベースに算出する方法です。「期末自己都合要支給額」とは，期末時点において，仮に全従業員が自己都合で退職した場合に支払われる退職金の額です。

一般に退職一時金制度の場合，転職等の自己都合による退職と，会社都合，定年や死亡による退職の場合では退職金の額に差があり，会社都合による退職のほうが，退職金の額が大きくなることが通常です。

「期末自己都合要支給額」の算定においては，すべての従業員が期末時点で全員自己都合により退職すると仮定して算定することになります。

① 比較指数方式

一度，原則法で退職給付債務の計算を行い，同じ時点での自己都合要支給額との比率である「比較指数」を算出します。その後，この「比較指数」を用いて退職給付債務を算定します。翌年度以降においては，基礎率等に重要な変動がある場合には，再度，比較指数の算定が必要となります。

② 係数方式

平均残存勤務期間に対応する割引率の係数と昇給率の係数を自己都合要支給額に乗じて算定します。割引率の係数と昇給率の係数は「退職給付会計に関する実務指針」に定められています。

③ 期末自己都合要支給額方式

期末自己都合要支給額をそのまま退職給付債務とします。実務上，この方法が最も採用される方法です。

5-5 企業年金制度の簡便法
企業年金制度の3種類の簡便法

☞ 比較係数方式，属性別区分方式，責任準備金方式の3種類があります。

簡便法による退職給付債務の計算方法
（企業年金制度）

④ 比較指数方式
- 直近の年金財政計算上の責任準備金 × 比較係数 (*1)

⑤ 属性別区分方式
- 従業員＝簡便法（退職一時金制度）②または③の方法
- 年金受給者および待期者＝直近の年金財政上の責任準備金

⑥ 責任準備金方式
- 直近の年金財政上の責任準備金　　　⇐ 最も採用される方法

（*1）退職給付会計基準の適用初年度の期首における原則法による退職給付債務の額と年金財政計算上の責任準備金との比率

■企業年金制度の簡便法（退職給付債務の計算方法）■

企業年金制度の場合には左記の3つの方法が定められています。いずれも，直近の年金財政計算上の責任準備金を基に算定する方法です。

なお，責任準備金の数値は，年金制度の財政計算報告書から，財政決算日時点での数値を入手することができます。財政決算日時点での数値の利用を想定しているため，「直近の」という言葉が入っています。

④　比較指数方式

一度，原則法で退職給付債務の計算を行い，同じ時点での責任準備金との比率である「比較指数」を算出します。その後，この「比較指数」を用いて退職給付債務を算定します。翌年度以降においては，基礎率等に重要な変動がある場合は，再度，比較指数の算定が必要となります。

⑤　区分方式

退職給付債務の計算対象のうち，在籍する従業員については，前述した退職一時金制度の場合の②または③の方法で算定します。一方，受給権者と呼ばれる，既に退職しているが現時点ではまだ退職給付を全額給付されていない者，および一定の年齢から年金が支給されることを待っている待期者については，直近の責任準備金をそのまま退職給付債務とします。

⑥　責任準備金方式

直近の年金財政計算上の責任準備金をそのまま退職給付債務とします。実務上は，この方法が最も利用されています。

5-6 簡便法の会計処理①
簡便法③の具体例

> 簡便法には遅延認識という概念はありません。

簡便法③ 設例

・前提

A社は3月決算, 退職一時金制度を採用。
従業員は300人未満であり, 簡便法③（期末自己都合要支給額方式）の方法を採用

×1年4月1日	自己都合要支給額	10,000
×1年4月1日～×2年3月31日	退職金支払額	100
×2年3月31日	自己都合要支給額	11,000

・解答

9,900 { 簡便法で計算した×0年度末の退職給付引当金（＝10,000）－期中の退職金支払額（＝100）

簡便法で計算した×1年度末の退職給付引当金（＝11,000） } 11,000

退職給付費用 1,100

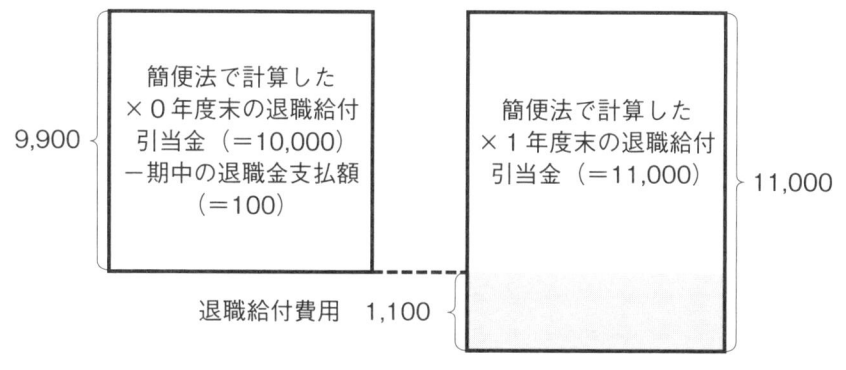

退職一時金支払時の処理

（借）	退職給付引当金	100	（貸）	現金及び預金	100

退職給付費用の計上

（借）	退職給付費用	1,100	（貸）	退職給付引当金	1,100

11,000－(10,000－100)＝1,100

■簡便法と原則法の違い■

　原則法との大きな違いは，遅延認識の概念がないため，「**未認識数理計算上の差異**」や「**未認識過去勤務債務**」が**存在しない**ということです。

　原則法では，期首に当期の費用を見積り，期中に実際の退職給付額や年金資産への拠出額を加減し，期末の予定額が算出されます。この予定額と実際の期末の額との差額が数理計算上の差異になります。

　簡便法では，このような見積りを行わないため，割引率や期待運用収益率は不要ですし，数理計算上の差異は発生しません。

　退職給付費用は，原則法のように見積りを行わないため，期末の実際額と期首との差に，年金資産への掛金等の期中における会社からの支払額を加えた額が当期の費用になります。

> 簡便法の計算式はこうなる！
> 　退職給付費用　＝　期末退職給付引当金
> 　　　　　　　　　－{ 期首退職給付引当金
> 　　　　　　　　　　－《退職一時金支給額＋年金掛金拠出額》}

■期末自己都合要支給額方式の会計処理■

　左図のケースでは，年金資産はありません。したがって，退職給付債務＝退職給付引当金となります。期末の退職給付引当金は，自己都合要支給額と等しいため，11,000となります。期中に退職金の支払額があるため，期首の退職給付引当金10,000から，期中の支払額100を控除した9,900と，期末の退職給付引当金11,000との差額である，1,100が当期の退職給付費用となります。

5-7 簡便法の会計処理②
簡便法⑥の具体例

☞ 直近の責任準備金を退職給付債務とみなします（5-5⑥）。

簡便法⑥　設例

・前提

A社は3月決算，企業年金制度を採用。
従業員は300人未満であり，簡便法⑥（責任準備金方式）の方法を採用

×1年4月1日直近の年金財政計算上の責任準備金		10,000
×1年4月1日	年金資産の公正な評価額	8,000
	掛金拠出額	1,500
×2年3月31日直近の年金財政計算上の責任準備金		12,000
×2年3月31日	年金資産の公正な評価額	10,400

・解答

簡便法で計算した×1年度末の退職給付引当金

×1年度末の年金資産 （＝8,000） －掛金拠出額（＝1,500）	×1年度末の 退職給付債務 （＝10,000）
	500

⇩

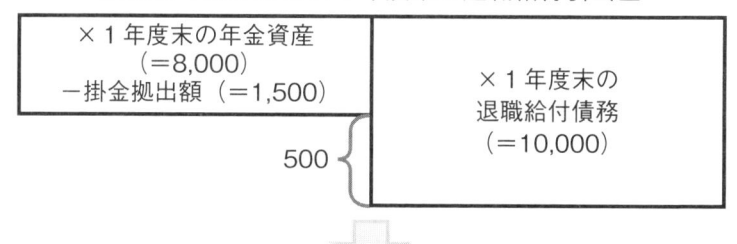

簡便法で計算した×2年度末の退職給付引当金

×2年度末の年金資産 （＝10,400）	×2年度末の 退職給付債務 （＝12,000）
	1,600

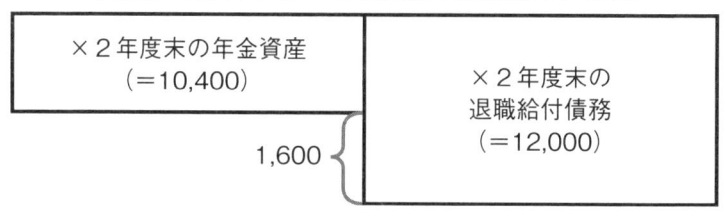

掛金拠出時における処理

| （借） | 退職給付引当金 | 1,500 | （貸） | 現金及び預金 | 1,500 |

退職給付費用の計上

| （借） | 退職給付費用 | 1,100 | （貸） | 退職給付引当金 | 1,100 |

(12,000－10,400)－{10,000－(8,000－1,500)}

■責任準備金方式の会計処理■

　本設例のケースでは年金資産があるため，「退職給付債務－年金資産＝退職給付引当金」になります。よって，期末の退職給付引当金は，期末直近の年金財政計算上の責任準備金12,000から期末の年金資産の公正な評価額10,400を控除した値1,600となります。

　一方で，期首の退職給付引当金は，期首直近の年金財政計算上の責任準備金10,000から期首の年金資産の公正な評価額である8,000を控除した2,000となります。期中において，掛金拠出額が1,500あるため，期首引当金2,000から1,500を控除した値である500と，期末の退職給付引当金である1,600の差額である，1,100が当期の退職給付費用の値となります。

> 簡便法の計算式はこうなる！
> 　退職給付費用　＝　期末退職給付引当金
> 　　　　　　　　　－{ 期首退職給付引当金
> 　　　　　　　　　　－《退職一時金支給額＋年金掛金拠出額》}

5-8 算定方法の変更
簡便法から原則法への変更と原則法から簡便法への変更

☞ 原則法から簡便法への変更は難しいといえます。

算定方法の変更

原則法→簡便法
以下の場合に限って認められる

- 従業員数の著しい減少や退職給付制度の改訂等により高い信頼性をもって数理計算上の見積りを行うことが困難になった場合

- 退職給付の重要性が乏しくなった場合

簡便法→原則法
本来的方向への変更のため
制約なし
（以下，例示）

- 企業規模の拡大等による人員の増加

- 設立からの時間経過などにより，合理的に数理計算を行うことが可能になった場合
etc…

■簡便法から原則法への変更■

簡便法から原則法への変更は，何ら制約なく認められます。これは，そもそも簡便法が認められる趣旨が，小規模企業等に対して原則法による退職給付計算を義務づけると，コスト・事務処理の観点から相当の負担となるためです。

従業員数が増加し退職給付の重要性が増し，原則法による厳密な計算が可能となった場合には，原則法に変更されることになります。

■原則法から簡便法への変更■

前述のとおり簡便法は例外的な処理のため，通常，原則法を選択している会社は簡便法に変更できません。たとえ従業員300人未満の会社であっても，いったん原則法を選択しているのであれば，原則法による一定の信頼性の高い計算が可能であるということであるため，「小規模企業等」であるからという理由だけでは，簡便法には変更はできません。

原則法から簡便法への変更は，以下の場合に限って認められます。

① 従業員数の著しい減少や退職給付制度の改定等により高い信頼性をもって数理計算上の見積りを行うことが困難になった場合
② 退職給付の重要性が乏しくなった場合

なお，簡便法から原則法への変更および原則法から簡便法への変更のいずれのケースも，過年度遡及修正の対象とはならないこともご留意ください。

現場から見た退職給付会計

簡便法編

　簡便法は簡便ではありません‼　といわれるとビックリすると思われますが…。

　簡便法は，計算方法や会計処理手続は簡便なのは間違いありません。年金数理人に退職給付債務の代行計算を依頼する必要もありません。その分のコストもかかりません。

　しかし，次の理由から，簡便ではない‼　ということになります。

１．決算ぎりぎりにならないと，確定金額が判明せず，決算作業が遅れる。特に年金資産の時価は期末時点の時価を利用するため，このような事態になる。
２．年金資産の時価の変動が，全額その年度の決算に影響するため，損益が大きく振れる可能性がある。数理計算上の差異をその発生時に一時に損益処理するのと同じ効果です。
３．同様の理由から，予算がたてにくい，予算の精度が高まらない。

　特に企業年金制度に簡便法を適用している場合には，簡便法が簡便にならないケースが想定されます。簡便法を適用する際には，ぜひ留意してください。

第6章 開 示

この章では,退職給付に係る開示について説明します。
会計方針と注記の2つの要素があります。
開示例を参考にしてください。

開示もしっかり
理解しておこう!

6-1 退職給付の開示①
退職給付に関係する開示

☞ 退職給付の開示には，会計方針と注記があります。

会計方針に関する注記
(1) 退職給付引当金の計上基準

退職給付関係の注記

(1) 企業の採用する退職給付制度

(2) 退職給付債務等の内容
　① 退職給付債務およびその内訳
　　ⅰ）退職給付債務
　　ⅱ）年金資産
　　ⅲ）前払年金費用
　　ⅳ）退職給付引当金
　　ⅴ）未認識過去勤務債務
　　ⅵ）未認識数理計算上の差異
　　ⅶ）その他（会計基準変更時差異の未処理額）

　② 退職給付費用の内訳
　　ⅰ）勤務費用
　　ⅱ）利息費用
　　ⅲ）期待運用収益
　　ⅳ）過去勤務債務の費用処理額
　　ⅴ）数理計算上の差異の費用処理額
　　ⅵ）その他（会計基準変更時差異の費用処理額，臨時に支払った割増退職金等）

　③ 退職給付債務等の計算基礎
　　ⅰ）割引率，期待運用収益率
　　ⅱ）退職給付見込額の期間配分方法
　　ⅲ）過去勤務債務の処理年数
　　ⅳ）数理計算上の差異の処理年数
　　ⅴ）その他（会計基準変更時差異の処理年数，実際運用収益等）

■退職給付の開示内容■

１．会計方針

　重要な引当金の計上基準の欄に，退職給付引当金の計上基準を記載する必要があります。

　有価証券報告書にも計算書類にも開示が必要です。

２．退職給付関係の注記

　有価証券報告書上は，退職給付関係の注記の開示も必要となります。左に記載した内容の注記が必要となります。

　なお，財務諸表提出会社が連結財務諸表を作成している場合には，個別財務諸表には記載することを要しません。

　ところで，確定拠出年金に係る要拠出額については，「②退職給付費用の内訳　ⅵ）その他」に含めて表示します。

　退職給付制度間の移行に際しては，「(1)企業の採用する退職給付制度」に制度を移行した旨，「(2)①退職給付債務およびその内訳」にBSに与える影響額，「(2)②退職給付費用の内訳」に損益影響を原則として記載する必要があることにご留意ください。

6-2 退職給付の開示②
退職給付の具体的開示例

> 一般的な開示例です。参考にしてください。

1．会計方針

(1) 重要な引当金の計上基準

① 退職給付引当金
　当社及び連結子会社は，従業員等の退職給付に備えるため，当連結会計年度末（←単体決算の場合は「事業年度末」になります）における退職給付債務の見込額に基づき計上している。

　年金資産見込額が退職給付債務見込額に未認識数理計算上の差異を加減した額を下回る場合には，当該差異を退職給付引当金として計上し，上回る場合には当該超過額を前払年金費用として計上している（←**退職給付引当金がマイナスになる場合は，「前払年金費用」となります**）。

　過去勤務債務については，その発生時の従業員の平均残存勤務期間以内の一定の年数（10年）による按分額を費用処理している。

　数理計算上の差異については，各連結会計年度の発生時における従業員の平均残存勤務期間以内の一定の年数（10年）による按分額をそれぞれ発生の翌連結会計年度（←**「翌」というところが数理計算上の差異の特徴的な方針です**）より費用処理している。

2．退職給付関係の注記

(退職給付関係)

1．採用している退職給付制度の概要
　当社及び国内連結子会社は，確定給付型の制度として，厚生年金基金制度と退職一時金制度を設けております。
　なお，厚生年金基金の設立は××年×月です。

2．退職給付債務に関する事項

この表は，貸借対照表のイメージを報告形式にしたものです。

	当連結会計年度 (平成24年3月31日)
イ．退職給付債務（百万円）	×××
ロ．年金資産（百万円）	×××
ハ．未積立退職給付債務（イ．＋ロ．） 　　（百万円）	×××
ニ．未認識数理計算上の差異（百万円）	×××
ホ．未認識過去勤務債務（百万円）	×××
ヘ．連結貸借対照表計上額純額 　　（ハ．＋ニ．＋ホ．）（百万円）	×××
ト．前払年金費用（百万円）	×××
チ．退職給付引当金（ヘ．－ト．）（百万円）	×××

(注1) 厚生年金基金の代行部分を含めて記載しております。
(注2) 一部の連結子会社は，退職給付債務の算定にあたり，簡便法を採用しております。

3．退職給付費用に関する事項

退職給付費用の内訳になります。

	当連結会計年度 （自 平成23年4月1日） 至 平成24年3月31日）
退職給付費用	×××
イ．勤務費用（百万円）	×××
ロ．利息費用（百万円）	×××
ハ．期待運用収益（百万円）	×××
ニ．過去勤務債務の費用処理額 （百万円）	×××
ホ．数理計算上の差異の費用処理額 （百万円）	×××
ヘ．その他（百万円）	×××

（注1）厚生年金基金に対する従業員拠出額を控除しております。
（注2）簡便法を採用している連結子会社の退職給付費用は，「イ．勤務費用」に計上しております。

4．退職給付債務等の計算の基礎に関する事項

諸基礎率についての開示となります。

	当連結会計年度 （平成24年3月31日）
イ．割引率	××％
ロ．期待運用収益率	××％
ハ．退職給付見込額の期間配分方法	期間定額基準
ニ．過去勤務債務の額の処理年数	××年
ホ．数理計算上の差異の処理年数	××年

■改正基準における開示の拡充について■

改正退職給付会計基準においては,開示が拡充されており,以下の注記が必要になります。

(1) 退職給付の会計処理基準(退職給付見込額の期間帰属方法,数理計算上の差異及び過去勤務費用の費用処理方法を含みます)
(2) 企業の採用する退職給付制度の概要
(3) 退職給付債務の期首残高と期末残高の調整表
(4) 年金資産の期首残高と期末残高の調整表
(5) 退職給付債務及び年金資産と貸借対照表に計上された退職給付に係る負債及び資産の調整表
 ((3),(4),(5)については,貸借対照表のイメージの構成要素ごとの増減表となります)
(6) 退職給付に関連する損益(退職給付費用の内訳です)
(7) その他の包括利益に計上された数理計算上の差異及び過去勤務費用の内訳(発生額,組替調整額を表示します)
(8) 貸借対照表のその他の包括利益累計額に計上された未認識数理計算上の差異及び未認識過去勤務費用の内訳(残高を表示します)
(9) 年金資産に関する事項(年金資産の株式,債券など,主な内訳を表示します)
(10) 数理計算上の計算基礎に関する事項(割引率,長期期待運用収益率などの基礎率を表示します)
(11) その他の退職給付に関する事項

なお,(2)から(11)は,連結財務諸表に注記している場合は,個別財務諸表においては記載する必要はありません。

改正基準での未認識項目について

　改正退職給付会計基準については，第7章に記載していますが，その大きな改正としては，未認識項目の認識が挙げられます。

　「認識」とは会計処理をするという意味ですので，いままで注記の対応で済んでいた未認識数理計算上の差異や未認識過去勤務債務について，会計処理をする必要が生じることになります。

　会計処理した結果，貸借対照表の純資産に大きく影響する場合（最悪，債務超過になる）が想定されます。財務制限条項に抵触し，資金調達に影響するなど，その企業に直接影響するかもしれません。また，このような企業が続発すると，社会問題に発展しかねません…。

　以上のようなことを想定し，改正退職給付会計基準は，当面の間は単体決算には適用されないことになっています。連結決算のみの適用となります。

　とはいうものの，すでに未認識項目については注記として開示されています。改正基準の影響が測れるので，得意先等の退職給付関連の注記を調べてみるのも一考です。

第7章を読もう!!

第 7 章 改正退職給付会計基準

この章では，改正退職給付会計基準について説明します。大きく2つの特徴があります。

どこが変わったのか，ポイントをおさえよう

7-1 改正退職給付会計基準
改正退職給付会計基準の概要

> 平成24年5月17日,改正退職給付会計基準が公表されました。未認識項目が認識されることになり,大きな影響がありそうです。

主な改正項目

①	未認識項目の認識
②	期間定額基準または給付算定式基準の選択適用
③	割引率算定の見直し ⅰ 支払見込期間ごとに設定された複数の割引率 ⅱ 単一の平均割引率
④	予想昇給率の見直し
⑤	長期期待運用収益率 期中に年金資産の重要な変動があった場合には反映させる
⑥	利息費用 期中に退職給付債務の重要な変動があった場合には反映させる
⑦	名称変更(連結決算のみ) 退職給付引当金　➡　退職給付に係る負債 前払年金費用　➡　退職給付に係る資産 過去勤務債務　➡　過去勤務費用 期待運用収益率　➡　長期期待運用収益率

■改正退職給付会計基準の概要■

① いままでの未認識項目が，その他包括利益で認識されます。なお，「未認識」とは会計処理されない，また，「認識」とは会計処理される，という意味です。

② 期間定額基準または給付算定式基準の選択適用になります。IFRSでは給付算定式基準のため，選択の余地を残しています。

③ 割引率については，退職給付の見込支払日までの期間ごとの割引率か，単一の平均割引率を用いることになります。

④ 旧基準では，ベースアップは確実かつ合理的な場合のみ予想昇給率に含めましたが，新基準では，平均給与実態分析や昇給実績に基づき合理的に推定し予想昇給率に含めることになります。

⑤ 長期期待運用収益については，期中に年金資産の重要な変動があった場合には，その影響を反映させることになります。

⑥ 利息費用については，期中に退職給付債務の重要な変動があった場合には，その影響を反映させることになります。

⑦ 退職給付に係る負債または資産になるのは，相手勘定が退職給付費用だけでなく，その他包括利益にもなり得るため，もはや引当金や前払費用の概念でなくなったための名称変更です。この名称変更は，連結決算のみの適用になり，単体決算は従来どおりとなります。

7-2 未認識項目の認識①
改正退職給付会計基準における未認識項目の認識

☞ 改正退職給付会計基準では，旧基準では未認識であったものが認識されることになります。
ただし，これは連結決算のみの適用になります。単体決算には適用されません。

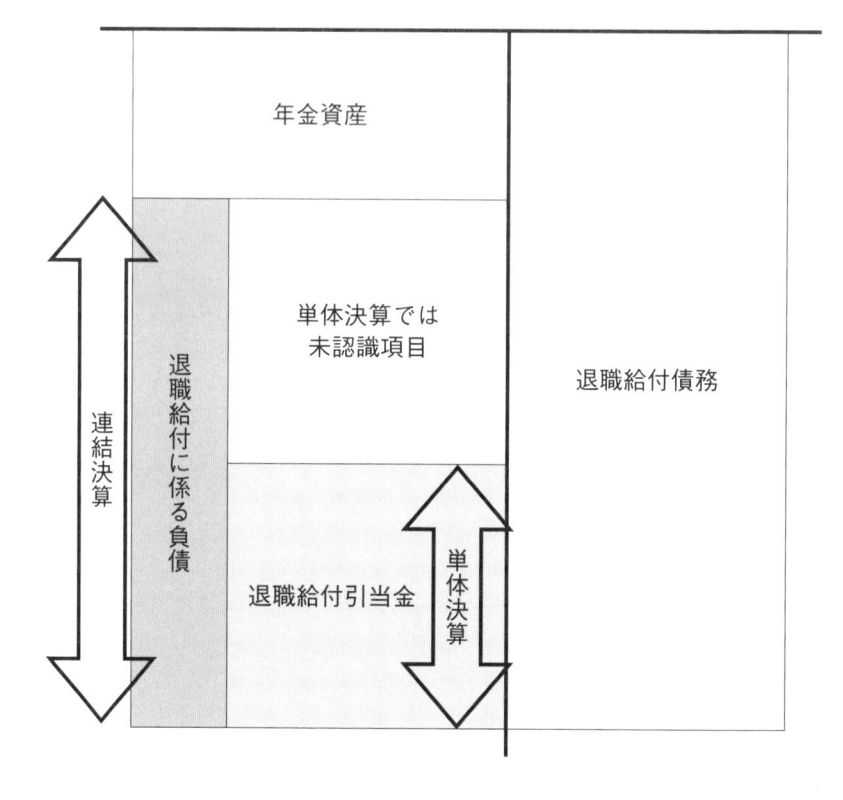

図：
- 年金資産
- 退職給付債務
- 退職給付に係る負債（連結決算）
- 単体決算では未認識項目
- 退職給付引当金（単体決算）

※P.8の現行基準と見比べてみてください。

■改正退職給付会計基準の特徴■

大きく2つの特徴があります。

1. いままでの未認識項目が，その他包括利益で認識されます。なお，未認識とは会計処理されない，認識とは会計処理される，という意味です（7-1の①）。これは連結のみに適用されます。
2. 退職給付債務等の計算ロジックが変わります（7-1の②から⑥）。

■未認識項目の認識■

数理計算上の差異の当期発生額および過去勤務費用の当期発生額のうち，費用処理（当期純利益を構成）されていない部分については，貸借対照表の純資産の部（その他包括利益累計額）で認識します。

ただし，これは，連結決算のみの適用となり，単体決算には適用されません。

左の図をご覧ください。単体決算では，退職給付引当金として表示されることになりますが，連結決算では，未認識項目も含めて「退職給付に係る負債」として表示されることになります。

連結のみだね！

7-3 未認識項目の認識②
組替調整

☞ その他包括利益累計額で認識された項目は，組替調整されることになります。

貸借対照表

資産	負債
	退職給付に係る負債
	純資産
	△利益剰余金
	△その他の包括利益累計額

組替調整（△その他の包括利益累計額 → △利益剰余金）

■未認識項目の認識■

　数理計算上の差異および過去勤務費用は，いったん，純資産の部のその他包括利益累計額に計上されます。

　その他の包括利益累計額に計上されている数理計算上の差異および過去勤務費用のうち，当期に費用処理された部分については，その他の包括利益の調整を行うことになります。

● 未認識項目を認識した際の仕訳

　（退職給付に係る調整額）　／　（退職給付に係る負債）
　　―その他包括利益累計額―

● その他包括利益累計額に計上されたものを費用処理した際の仕訳

　（組替調整）

　（退職給付費用）　／　（退職給付に係る調整額）
　　　　　　　　　　　　　　―その他包括利益累計額―

　費用処理した際には，その他包括利益累計額から，当期純利益を経由して，利益剰余金に組み替えられることになります。これを「組替調整」といいます。

　なお，費用処理の方法は，従来の未認識項目の費用処理方法と同様になります。

7-4 改正基準適用時期
適用時期に留意

☞ 改正退職給付会計基準の適用時期を整理しましょう。

基本的に,
(未認識の認識)

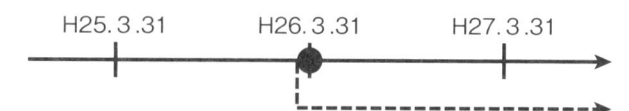

|　　H25.3.31　　H26.3.31　　H27.3.31

注：平成25年4月1日以後開始する事業年度の年度末に係る財務諸表から適用

ただし,

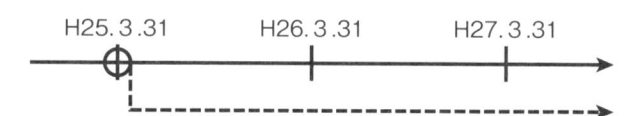

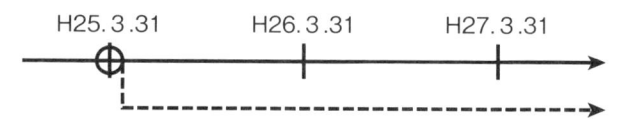

|　　H25.3.31　　H26.3.31　　H27.3.31

注：平成25年4月1日以後開始する事業年度の期首から適用することができる

PBO計算ロジック等については,
(計算の中身)

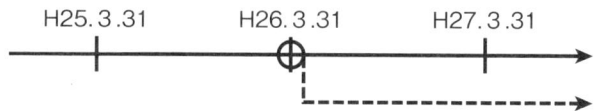

|　　H25.3.31　　H26.3.31　　H27.3.31

注：平成26年4月1日以後開始する事業年度の期首から適用

ただし,

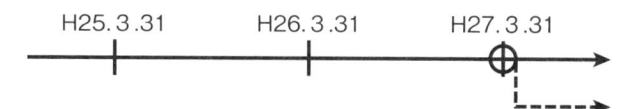

|　　H25.3.31　　H26.3.31　　H27.3.31

注：実務上困難な場合は平成27年4月1日以後開始する事業年度の期首から適用することができる。ただし,注記が必要。

なお,

|　　H25.3.31　　H26.3.31　　H27.3.31

注：平成25年4月1日以後開始する事業年度の期首から適用することができる

■適用時期の特徴■

未認識項目の認識および計算ロジック変更という2つの特徴がありますが，それぞれについて適用時期が異なります。

■具体的適用時期■

未認識項目の認識については，平成25年4月1日以後開始する**事業年度末**に係る財務諸表から適用されます。

ただし，平成25年4月1日以後開始する事業年度の期首から適用することができます。実質的には第1四半期から適用になります。

計算ロジックの変更については，平成26年4月1日以後開始する事業年度の期首から適用となります。実質的には第1四半期からの適用になります。

ただし，実務上困難な場合には，平成27年4月1日以後開始する事業年度の期首から適用することができますが，これを適用する会社はほとんどないでしょう。

なお，平成25年4月1日以後開始する事業年度の期首から適用することもできます。

【執筆者紹介】

唯根　欣三
公認会計士　第Ⅰ監査事業部所属　パートナー。
主に自動車業界，繊維業界，建設業界の監査を担当。
その他にデューデリジェンス，業務改善支援業務等も関与。
編著に「会計実務ライブラリー6　退職給付会計の実務」（中央経済社）などがある。

石川　浩次郎
公認会計士　金融事業部金融部所属　マネージャー。
主に銀行業等の金融機関の会計監査，IFRS対応業務，内部統制助言業務を担当。
その他に事業再生・復興支援関連業務，連結決算導入支援業務，金融商品のバリュエーション支援業務等にも関与。

山中　尚平
公認会計士　金融事業部金融部所属　シニア。
主に地方銀行，信用金庫，保険会社等の金融機関の監査を担当。
その他にデューデリジェンス，不正調査関連業務，連結決算導入対応業務等にも関与。

原　篤史
公認会計士　第Ⅱ監査事業部所属　シニア。
主に自動車製造業，飲料製造業，不動産業の監査を担当。
また，地域金融機関担当者会議のメンバーであり信用組合等の地域金融機関の監査にも関与。

中條　真宏
公認会計士　第Ⅲ監査事業部所属　シニア。
主に製造業，建設会社，住宅メーカー等の監査およびデューデリジェンス業務等に関与。

【編者紹介】

新日本有限責任監査法人について

新日本有限責任監査法人は，アーンスト・アンド・ヤングのメンバーファームです。全国に拠点を持ち，日本最大級の人員を擁する監査法人業界のリーダーです。品質を最優先に，監査および保証業務をはじめ，各種財務関連アドバイザリーサービスなどを提供しています。アーンスト・アンド・ヤングのグローバル・ネットワークを通じて，日本を取り巻く世界経済，社会における資本市場への信任を確保し，その機能を向上するため，可能性の実現を追求します。詳しくは，www.shinnihon.or.jp にて紹介しています。

アーンスト・アンド・ヤングについて

アーンスト・アンド・ヤングは，アシュアランス，税務，トランザクションおよびアドバイザリーサービスの分野における世界的なリーダーです。全世界の16万7千人の構成員は，共通のバリュー（価値観）に基づいて，品質において徹底した責任を果します。私どもは，クライアント，構成員，そして社会の可能性の実現に向けて，プラスの変化をもたらすよう支援します。

「アーンスト・アンド・ヤング」とは，アーンスト・アンド・ヤング・グローバル・リミテッドのメンバーファームで構成されるグローバル・ネットワークを指し，各メンバーファームは法的に独立した組織です。アーンスト・アンド・ヤング・グローバル・リミテッドは，英国の保証有限責任会社であり，顧客サービスは提供していません。詳しくは，www.ey.com にて紹介しています。

本書又は本書に含まれる資料は，一定の編集を経た要約形式の情報を掲載するものです。したがって，本書又は本書に含まれる資料のご利用は一般的な参考目的の利用に限られるものとし，特定の目的を前提とした利用，詳細な調査への代用，専門的な判断の材料としてのご利用等はしないでください。本書又は本書に含まれる資料について，新日本有限責任監査法人を含むアーンスト・アンド・ヤングの他のいかなるグローバル・ネットワークのメンバーも，その内容の正確性，完全性，目的適合性その他いかなる点についてもこれを保証するものではなく，本書又は本書に含まれる資料に基づいた行動又は行動をしないことにより発生したいかなる損害についても一切の責任を負いません。

図解でざっくり会計シリーズ 2

退職給付会計のしくみ

2013年3月15日　第1版第1刷発行

編　者　新日本有限責任監査法人
発行者　山　本　憲　央
発行所　㈱中央経済社

〒101-0051　東京都千代田区神田神保町1-31-2
電話　03 (3293) 3371（編集部）
　　　03 (3293) 3381（営業部）
http://www.chuokeizai.co.jp/
振替口座　00100-8-8432

© 2013 Ernst & Young ShinNihon LLC.
All Rights Reserved.
Printed in Japan

製版／㈱プランニングセンター
印刷／昭和情報プロセス㈱
製本／㈱関川製本所

＊頁の「欠落」や「順序違い」などがありましたらお取り替えいたしますので小社営業部までご送付ください。（送料小社負担）
ISBN978-4-502-47570-2　C3034

JCOPY〈出版者著作権管理機構委託出版物〉本書を無断で複写複製（コピー）することは、著作権法上の例外を除き，禁じられています。本書をコピーされる場合は事前に出版者著作権管理機構（JCOPY）の許諾を受けてください。
JCOPY〈http://www.jcopy.or.jp　eメール：info@jcopy.or.jp　電話：03-3513-6969〉